U0932164

文案三章

图书编辑业务手册

本书既不做价值判断，也不会表现爱憎。

本书只尝试去解释……

是以建议和论证的方式提出来的，

哪怕我的口吻有时看似斩钉截铁。

——［美］埃里克·霍弗

文案三章

图书编辑业务手册

黄集伟 著

译林出版社

本书是一本业务讨论的小书，分原则、讨论、体验三章。讨论里的一些提问，来自一些出版社同行的问题归集，全书征引了 1973 年至 2016 年总计 126 则公开出版物文案，为此，谨向这些文案的出版机构和编写者表示由衷的感谢，在这本小书里，我拿它们当小白鼠，献了花也动了刀，所有美好属于你们，误判、误读或浅薄统统归我。

谢谢翻阅，有劳各位。

目录

CONTENTS

PART 1

第一章 原 则

003

主旨

文案人格 / 003

分类谱系 / 008

主旨三忌 / 010

013

对象

用户设定 / 013

三三律 / 016

022

细节

意义赋权 / 022

平行再造 / 024

层序式考古 / 028

文本挖掘 / 032

038

差异

差异化生存 / 038

高订式差异 / 041

差异兵法 / 047

差异化修辞术 / 049

063

趣味

多巴胺奖赏 / 063

激励策略 / 065

类荷尔蒙配方 / 068

078

通感

通感体质 / 078

适度变形律 / 082

窄幅修辞 / 084

086

信任

信任社会学 / 086

信任规划 / 090

微表情 / 097

103

说服

平等观 / 103

布道之道 / 106

圆桌倾诉 / 113

PART 2

第二章
讨 论

121

内容提要

122 内容提要在书籍文案中处于一个怎样的位置？
122 内容提要有无标准格式让初学者套用？
123 编写内容提要要预先确定主旨吗？
124 内容提要的主旨是由哪些要素构成的？
125 内容提要可以剧透吗？怎样把握这方面的尺度？
126 要在内容提要里特别强调文本的“专业”价值吗？
127 内容提要的编写以简代繁好还是详尽周到好？
127 能在内容提要里勾兑商业动机吗？如何勾兑？
128 编写内容提要有哪些忌讳？
130 能将自我情感、情绪融入内容提要吗？
131 怎样才能把内容提要写得又准确又生动？
131 内容提要一般写多少字合适？
132 不写内容提要真会影响一本书的销售？
133 怎样编写内容提要容易让读者产生共鸣？
134 怎样给系列书籍编写内容提要？
135 编写内容提要时，如何化解自身认知障碍、情绪障碍？
136 怎样给主题分散的短文合集编写内容提要？
137 对行业背景不了解会对编写内容提要有影响吗？
137 阅读量不大对编写内容提要有无影响？影响大小？
138 怎样在内容提要里将图书的学术价值、文化价值转化为普通读者理解的表达？

139
作者简介

140 编作者简介能照搬度娘吗？
141 作者简介多少字合适？宁长勿短？宁短勿长？
141 作者简介应侧重作者功名事业还是生活行止？
142 作者简介要特别强调作者性别吗？
142 在文案里如何将作者丰富多彩的经历化繁为简？
143 在文案里如何让作者的平淡经历看上去不至于过于平庸？
144 如何将作者简介写得既梦幻四溢又富于情怀？
145 写作者简介能有话直说吗？要为作者护短吗？
145 作者简介文案一定要附加作者照片吗？
146 要给作者简介里的作者照片美图秀秀吗？
147 需要在作者简介里全面评价作者的写作风格吗？
147 所编图书不是自己的菜，写作者简介如何避免个人好恶？
148 作者简介跟生平简历是一回事吗？区别是什么？
149 能把作者的八卦、传闻编到作者简介里吗？
150 怎样把作者简介写得灵动流光，神采奕奕？
150 作者简介里常见有关作者居处、孩子、狗或猫之类的记述……这种格式化细节有必要吗？
151 外国某作家成名后一边吃自己的名气，一边花天酒地，编写作者简介时这些花絮如何处理？
152 当作者是个特别坏特别无耻的人时，作者简介该如何处埋？假使作者混蛋透顶，作者简介是否应有所回避？如何回避？
153 除年龄、身份、简历、获奖等荣誉履历外，作者简介中还有哪些要素可以补足或最好添加？
154 为外国作者编写作者简介需特别强调其特殊文化背景吗？

156
综合文案

157 广告法要求广告文案里不得出现“最”，用什么代替效果也很NB？
159 如果给文案要素按重要程度排序，前三位是哪几个？
159 你见过的图书文案中印象很深的是哪篇？让我参考参考？
160 哪种类型的文案曾让你感动流泪？举个例子？
161 你看过最奇葩的文案是什么？拿出来让大家笑一笑呗？
162 近年你看过的最刺激、最狠毒的文案是哪本书的？
163 曾有让你引以为耻的文案吗？是哪本书的，有多无耻？
164 为迎合读者口味，编写书籍文案刻意曲解作品是否合适？
164 如何把握文案的度？如何避免在文案里展览廉价感动、浮夸煽情……令读者反感？
166 为系列图书编写文案如何避免呆板或趋同？
168 一部非常好的作品初版未获积极性评价，重印或改版重出时如何通过调整文案令其价值重现？
170 如何为一本自己完全没兴趣的书编写文案？
172 有没有一句文案，你觉得最适合这本书，哪怕所有人反对也非用不可？
173 相关背景知识在编写文案时占有怎样一个位置？
173 文案编写者的文化修养对编写文案有用吗？有什么用？
174 怎样让一本书的文案洋溢浓厚文化气息？
175 “气质”这种东西在文案中能体现出来吗？
175 怎样写出有“情怀”的文案？
175 编写文案需考虑整体感吗？如何呈现整体感？

176
腰封文案

177 编写腰封文案要先考虑目标读者的口味、需求?
177 编写腰封文案有绝招吗?是什么绝招?
180 哪些词汇放到腰封文案里就完全无效?
181 哪些词汇一旦出现在腰封文案里反而让读者拒绝买书?
182 越来越多的人加入撕腰封党,是因为腰封文案写得太烂吗?
182 腰封文案多以商业卖点为核心,一旦商业了就特招人讨厌吗?
183 如何确立腰封文案的核心诉求?
184 有哪些堪称神作的腰封文案让我们辣辣眼睛呗?
184 腰封文案是书籍文案的必选项?怎样决定一本书加或不加腰封?
185 腰封文案一般写多少字比较合适?
186 从设计角度看,腰封文案在字体、字号选择上有啥讲究?

187
网络文案

188 网络文案有什么特点?它给谁看?"过客"还是"注册用户"?
188 除作者简介、内容提要外,网络文案还有哪些自选文案与之搭配?
189 网络文案非得山呼万岁、团体点赞才有效?
190 将纸质书上的文案集合到一起,是不是就是网络文案?
191 在网络文案中,哪些地方需要特别强调?哪些地方无须强调?
192 网络文案的主旨应偏向产品哪种属性?侧重凸显文化价值?商品价值?
192 编写网络文案需要在规模和字数上有所考虑吗?

193 网络文案的图文应如何组合搭配?
193 借助网络平台传播的文案可以配乐吗？配乐是不是很 low？
194 网络文案容量大，是多人编写好还是独自编写好?

PART 3

第三章 体验

197

单本文案

197 从具体到抽象，从故事到评论（《檀香刑》）
200 从中心比喻处下笔（《剥洋葱》）
202 规避主观风险（《神谕之夜》）
205 用巧喻拓宽想象（《火星救援》）
207 给读者一个加强版的诱惑（《在切瑟尔海滩上》）
209 旁敲侧击压强更大（《迷走・神经》）
211 找对了腔调就找到了读者（《小顾聊绘画（壹）》）
213 传奇性是最大的诱饵（《寻找巴金的黛莉》）
215 啰嗦是文案的死敌（《我们不懂电影》）
217 力避友好的、善意的歪曲（《先上讣告后上天堂》）
219 在同一条河里划动双桨（《先上讣告后上天堂》）
221 用喧闹的浮夸传递省思（《广阔天地》）
223 文案的张力来自对比（《先锋戏剧档案》）
225 用疑问牵引好奇心（《重口味心理学》）
227 用反俗套的方式另起炉灶（《硬糖手册》）

229 让文案为“个性”保驾护航(《你以为你以为的就是你以为的吗？》)
231 克制冲动，优化表达（《Wabi-Sabi——给设计者、生活家的日式美学基础》）
234 高冷腔调是一种策略（《然而》）
236 “暗示”比“明说”更有效（《我如何清空父母的家》）
238 宁断其一指，不面面俱到（《张爱玲传》）
240 预设读者，精准谋划（《我相信失败》）
242 有肌理、有逻辑才有力量（《被淹没和被拯救的》）
244 归纳是最好的服务（《亦摇亦点头》）
246 没态度的文案没实力（《毛姆短篇小说精选集》）
248 用一根线把珠子串起来（《此处游泳，既不安全也不舒适》）
250 侧面描写力避失焦（《牡蛎男孩忧郁之死》）
252 互文向心，细节合力（《平如美棠——我俩的故事》）
256 先讲清故事，再渲染气质（《史迈利的告别》）
258 合力安利是最好的导引（《灯塔》）
261 用速溶咖啡配比手磨咖啡（《月光落在左手上》）
263 历险者寻找探险者（《诗 60 首》）
266 变争议为赞誉（《让・科克托》）
268 以文会友，以情动人（《致 D——情史》）
271 见微知著，以小写大（《人类简史》）
273 用陌生化引导好奇心（《禅与摩托车维修艺术》）
275 面积小，压强大（《天真的人类学家》）
277 文字量≠信息量（《带着鲑鱼去旅行》）
279 精准的判断一句就够（《做饭》）
281 没种没料，越长越臭（《南希外传》）
283 用专业细节赢得信任（《浮生六记》）
285 异位同构，欲辩忘言（《小团圆》）

287

集合文案

287 先有判断，才有文案（《1984》集合文案）
295 不断修订，迭代升级（《引爆点》集合文案）
301 横看竖看，重现险峰（《围城》集合文案）
309 文本至上，顺时而动（《傅雷家书》集合文案）
316 学术底色，凸显功底（《恶之花》集合文案）
321 文案之别在于观念（《红楼梦》集合文案）
328 文案之别在于素养（《月亮与六便士》集合文案）
332 文案之别在于时间（《百年孤独》集合文案）
336 文案之别在于态度（《简·爱》集合文案）
340 不说什么跟说什么一样重要（《呐喊》集合文案）

344

煞尾

东一榔头，西一棒子（3 分钟总结本书要点）

351

后记

354

附录

本书引用图书文案索引

本书说明

INSTRUCTION

本书专谈文案，专谈图书文案……“文案”是本书关键词。

狭义地想，大部分人其实跟图书文案无关，就算超级书迷，书前书后的内容提要、作者简介之类，看过也就罢了，可广义地想，文案跟每个人息息相关——或多，或少。

当快递员，做投资顾问、精算师，确实无须为一本小说的“内容提要”字斟句酌，可广义地揣度，快递小哥接到的“午餐订货单”是文案，投资顾问为客户提交的“产品分析书”是文案，精算师撰写的“评估报告”，也是文案。

早上起床，健身强迫症者们多半先称体重：“喝杯水都可感知的精准”——小米体重秤文案让人会心一笑；打车上班，“打开车门，就是家门”——约车 APP 文案令人如释重负；开车上班，“别说你爬过的山只有早高峰”——MINI 汽车文案令人魂系远方；收工下班，“在世界范围内的交流，只有音乐和巧克力不受语言的限制”——日本乐口巧克力糖文案使人心头一软。

我们每天被文案包围——尽管摩肩接踵、耳鬓厮磨、擦身而过，可我们常常浑然不觉，而这或许正是那些精彩文案的高妙所在。

“你写 PPT 时，阿拉斯加的鳕鱼正跃出水面；你看报表时，白马雪山的金丝猴刚好爬上树尖；你挤进地铁时，西藏的山鹰一直盘旋云端；你在回忆中吵架时，尼泊尔的背包客一起端起酒杯在火堆旁……有一些穿高跟鞋走不到的路，有一些喷着香水闻不到的空气，有一些在写字楼里永远遇不到的人。出去走走才会发现，外面有不一样的世界，不一样的你。”

上面是“步履不停”淘宝店的一则网红文案，相比其“高腰垂感长裤文案”、“渐变色套头毛衣文案”或“不规则花瓶半高领毛衣文案”，这则“旅行文案”主旨清雅，意味绵长，像一则温润的生活宣言：期许真切，期许自然，期许一个新的世界、新的自己……

果然，或浅或深，或文或白，人生如案，写是写，不写也是写……这么一想，本书所有，不过拿一本书的若干零碎附件举个例……请笑纳。

PART 1

第一章 原则

1981年，在《出版商周刊》当年畅销书榜单上，迈克尔·科达一人责编的书就占了4本，2本虚构，2本非虚构，其中由他责编的非虚构类健康指导书《比弗利山庄节食法》位居年度非虚构榜单榜首。一年里，这本辅助人们与脂肪做斗争的“减肥圣经”销量达80万册。

就算是今天，这个销售业绩也令人艳羡，可对我而言，我更想知道的是，这位国际知名出版人是怎么写文案的——他的作者简介文案写了多少字？他编写的内容提要剧透了没？他责编的虚构、非虚构类畅销书都加腰封了吗？那本年销量80万册的非虚构作品，跟他写的腰封文案是否相关？

相比其他行业文案而言，图书文案的样式较单一，写来写去，无非就是“内容提要”“作者简介”，不过，真要写好它，也并不容易。以我之见，有关图书文案，最要紧的，是文案的个性——个性即人格，它是文本中所蕴含的一本书的特点，而那个被我比喻为“文案人格”的东西，常常就是A文案与B文案的根本区隔，它让A不同于B，也让B有别于C。

它甚至也像人生，千人千面，万象纷纭——你的衣食住行只能是你的，我的暮鼓晨钟一定是我的，美式早餐里少有豆浆油条，英式晚礼服里也不大流行长袍马褂，同为作者简介、内容提要，其内在主旨常常南辕北辙：同是两室一厅，一厨一卫，装修完再看，赵家跟钱家大不相同，孙家跟李家天南地北，各家想法不同吧。如此，文案与文案的最大不同，不在皮儿，而在瓤——也就是说，所谓主旨之别，别在个性，别在人格。

隐藏在主旨内的文案人格是一种秘密诉求——它由文案撰写者设定并掩藏在文案字里行间，是藏在蛋糕奶油里的时令水果，是裹在汤圆皮儿里的坚果芝麻……不动声色间，文案编写者端出一碟合格的汤圆或蛋糕，用裹挟在文案字里行间的内在主旨，让甜食党一嚼寻常，二嚼惊喜，被看不见摸不着的“主旨”俘获。

隐藏在主旨内的文案人格是编者与作者的合谋——同是写旅游，同是非虚构，A书想表达宏观生态，B书要抒发人文情志，C书想商讨伴侣价值，各有侧重，可最终确认的传播要义，多取决于编者对作者、文本的理解，它与编者对该书的价值确认、读者预设有关，最终呈现给读者的文案主旨，一定是在对图书文本剖陈、分析、理解前提下，编者与作者共同确认的那一价值诉求——它是图书作者、出版者、文案编写者最希望读者知晓、接受、理解的价值态度……读者当然可以超越之、延展之，但那是另一个话题了。

在图书文案的多种功能中，“说明”为基础功能，此外，它也兼有甄选读者、吸引读者、讨好读者等功效，而统领这繁复诉求的，是文案主旨——它是性格，也是人格，或直言不讳，或隐而不显，或话里有话，或绵里藏针，样貌不拘，可一定要有。

在注意力稀缺年代，想用文案吸引读者关注，让千辛万苦生产出来的图书赢得关注，正变得越来越难，以文案为津梁，出版者的发力点无非形制、视觉、文案三项。

形制：比之其他产品，图书产品优势有限——尽管阅读市场上从 64 开本的小，到对开本的大，花样繁多，但在主流图书品类中，图书产品形制一直稳定在 32 开、16 开等基础开本，这就是说，作为图书产品，想以新奇产品外观吸引读者关注，几无创新空间。

视觉：相对产品形制的超稳定而言，在颜值即正义之类的风尚语境中，用装帧设计拓展书籍视觉空间虽最具实操性，可形制的规定性，又预判了其拓展极为有限，一本图书的视觉展示就算万紫千红，也不过一方窄窄画板，五颜六色固然足以调制出缤纷五彩，可终究不过螺蛳壳里开道场，诸如封面、封底、前后勒口、腰封等图书视觉设计，说起来类目繁多，可几乎每一环节，都有拘谨有限的规定性——不像毕加索驰骋画布，可以任性挥洒。更严格的制约还在于，举凡与视觉设计相关的各种创意，并无标准可言，赤橙黄绿好？不知道；万紫千红美？不知道。有关视觉，没有最佳或完美，你喜欢现代黑，他喜欢商务灰，而我则只爱古典白——视觉的唯一标准即没有标准。

文案：这就是说，就吸引注意力而言，形制受限，视觉受制，唯有文案尚有凸显个性的空间：尽管书籍文案本身也有诸多局促和尴尬，可好在它还可以实现形制和视觉难于传递、艰于表达的诉求。

文案应有趣味——趣味可以吸引关注；文案要有风格——风格可以吸引关注；文案要凸显作者声名——声名可以吸引关注，可对读者而言，一则文案的主旨——文案人格——最有可能成为最大的刺激源。

1999 年，迈克尔·科达出版了《畅销书的故事》一书。在这本带有极强专业性的职场回忆录里，有关《比弗利山庄节食法》一书，科达坦陈已“完全不记得”它到底写了些什么，“只能隐约记得好像要吃大量的生菜之类”。

不过，科达并未失忆——有关《比弗利山庄节食法》，他仍清晰记得它的主旨：“减肥书代表的是一种心态，书不只是教你怎么去减肥，而且让你明白对自己身体的期待——它们就像是香水和流行服饰的广告，以创造梦想来营销。人们抱着‘如果买了这本书，我将变得苗条、美丽和迷人’的希望光临书店，连世界名模都会对自己身体的某个部位感到不满，在没有人认为自己可以达到心中期望的苗条、美丽和迷人的标准之下，减肥书的市场永远存在。”

科达的这段话印证了一个道理：文案主旨的凸显，比文案对于图书细节的复述重要 100 倍——它是文案的人格，也是编者对文本要义重新编码、解读、定义后的精华。

主旨分类谱系

文案主旨也需分类，它跟清理家中杂物一样，有类可循既便于定位，又便于检索。

跟其他行业的文案比，图书文案跟一本书命运的关联有点特别，简单讲，既真切，又含混：真切是说，文案是距离一本书主旨最近的文本，翻开一本书，读者最先看见的，就是它，它像一份见面礼，给读者尚待展开的阅读以最初的印象；含混是说，这个印象也就是个印象而已，它的确有可能规定了一本书的终极接受率，但也只是可能——图书文案这份见面礼像是在回答面试官的提问，这位面试官就是读者，就算回答的正确率为百分之百，面试官也未必会允诺录用。

“书是什么？主要的只是一连串小的印成的记号而已，它是要读者自己添补形成色彩和情感，才好使那些记号相应地活跃起来，一本书是否呆板乏味，或是生机盎然，情感是否热如火，冷如冰，还要靠读者自己的体验。或者换句话说，书中的每一个字都是魔灵的手指，它只拨动我们脑纤维的琴弦和灵魂的音板，而激发出来的声音却与我们心灵相关。”

上段文字出自法国作家阿纳托尔·法朗士，他的这段有关作品与读者互动关系的描述，刚好契合了接受美学的基本观点：在作品流通、接受阶段，读者接受（阅读）的过程，同时也是创造的过程。因而，编写图书文案、确认文案主旨，理应仔细考量、精准预设“读者需求”，而主旨的分类，有助于编写者廓清混沌：解惑类——化解懵懂；益智类——满足求知；抚慰类——平复焦虑；探究类——增扩识见；愿景类——给出希冀、希望和愿景……

这些分类之别当然只是举例，它有点像我们家中常用药小药箱里那种基于个人经验、个人习性的分类——老婆大人依照的，当然不是三甲医院处方药分类法，可只要逻辑清晰、使用便捷（比如完全可以按早、中、晚吃药时间分类），没什么不可以——参照自我经验、创制自我谱系的目的，无非为了厘清文案类别，在类别的差异化区隔中凸显主旨。

主旨

主旨三忌

一忌平摆浮搁

因形制受限，索性将文本主旨袒胸露背扔进文案，甩给读者，不可取，人家块把钱一根儿的大红果冰棍儿还裹张纸呢，一份旨在凸显文本要义的文案岂能平摆浮搁扔进内容提要？妥帖的做法是，在编写文案时，须将主旨当成馅儿，用合适的文字细心包裹：主旨是冷僻趣味？那就用文字玻璃纸把它裹起来；主旨是益智博闻？那就用文字粽叶把它捆结实；主旨是幽暗人性？那就用文字饺子皮儿把那勺三鲜馅儿包得严丝合缝……巧妙裹藏文案主旨，价值的传递方才妥帖。

二忌耳提面命

文案篇幅简短，可这不是态度缺位的理由。被写进文案的意见、态度应出于敬畏，出于谦恭，文案编写者在文案里表达的，不过一家之言，它一定片面，一定不确定——不确定自己的主旨描述一定妥帖，不确定自己的价值归纳一定精准，不确定自己的文本理解一定比读者更聪明……编写者就算自信满满高达80%，也还有20%的不确定，如此，文案的呈现，实际上是一个与读者讨论、商榷的过程：是“我的意见仅供参考”，是“我的想法一家之言”，最多只是“局部真理”。

三忌全无语境

任何文字都自有语境，文案亦如此，关照语境，顺应差异，主旨传达方才到位，那类空洞无物、荒腔走板的文案，常常是自说自话、无视语境的结果。很多年前，冯骥才先生写过一本很有名的非虚构作品——《100个人的10年》，它是“文革”著述中较为少见的个人口述实录文本，该书初版于1991年，后有多种不同版本在不同年份修订再版。抛开版本差异，仅以阅读语境变迁而言，20世纪90年代的读者跟21世纪的读者，阅读情境、心境、语境变化就非常大；同样，钱锺书先生的小说《围城》初版于1947年，20世纪80年代初，人民文学出版社首次正式出版该书简体字版，《围城》不同版本间近40年的时间跨度，使得彼时读者与今日读者的阅读体验已完全不同。及至20世纪90年代，《围城》被改编为电视剧，走进大众文化视野，更多的人经由电视剧而非小说原著知道了方鸿渐、孙柔嘉、唐晓芙乃至高校长，这些从电视剧返回纸书阅读的读者跟那些先就读过原著的读者已是完全不同的读者，因而，给这类作品写文案，“语境”便成为一个尤需仔细拿捏的要件（可参照本书“体验”章集合文案部分讨论），编写者敏感于此，敏锐于此，编出的文案才更具针对性。

对象 用户设定

“公明仪为牛弹《清角》之操，伏食如故。非牛不闻，不合其耳矣。转为蚊虻之声、孤犊之鸣，即掉尾、奋耳，蹀躞而听”……在“对牛弹琴”这则妇孺皆知的成语故事里，“牛”和“琴”为变量——随语境之变而变。年幼时懵懂无知，老师的话听不懂，我们就像小牛犊；自己做父母后，搞不懂熊孩子的想法，我们又变成自弹自唱用心良苦的爸妈；后来做编辑，写文案，文本一知半解，读者影影绰绰，市场略知一二，文案编写难免对牛弹琴。

产生需求→选择产品→使用产品→建立认知→再次使用产品……

很多产品经理培训教材以上列简图表述所谓“用户思维”，并将其视为“一个产品经理的养成”……其实，图书文案编写者跟一名产品经理比，有过之，无不及——产品经理或许还要推广多个厂商产品，而图书编辑推广的，就是自己编辑的图书，这样，“用户设定”其实就是文案编写的第一步。完成读者预设，明了交流对象，知道用户（读者）是大叔，是小姐姐，是考研青年，或者是那些二三线城市文学青年，相当于演奏之初，已对聆听者大致了解，这时，交流时或高声阔气，或低声细语，或义正词严，或唠嗑闲话，方才有所依据。

文案不是写给自己看着玩的——这道理大家都懂，可编写一旦启动，对象迷失、跑偏、失焦，也很常见。经常发生的情形是，越是编者自己深爱之书，文案越容易往个人心得、私爱絮语的方向跑偏——有心得，好；是自己的菜，好；契合自己的文学标准、文化口味，也好，可越是如此，越需提醒自己，图书文案不是写给自己看的，它是写给那些可能喜欢这本书、这部作品的读者看的，如此，你弹的“琴”他们得喜欢听，你唱的“歌”他们得听得懂，文案才能达到目的。文案编写的出发点是读者，终点也是，从读者的角度计划文案，考量文案，是文案法则之一，越是远离自弹自唱，越能满足用户的同理心，文案也越容易引发共鸣。

可文案也不是写给所有读者看着玩的——就算文案预设为“文青专供”，最终成稿的那则文案也并非写给天下所有文青的；同理，那本推荐本格推理小说的内容简介，也未必能让天下本格迷众口一词，拍手叫好。相对于分层细密的文青读物、本格推理读物而言，一本具体的文青读物、本格推理读物的读者群更为具体——喜欢我孙子武丸的，未必喜欢阿加莎·克里斯蒂，反之亦然，越能精细区隔用户需求的毫厘之差，文案越能精准到位。

所以，有关用户设定，清晰为要，精确为要，它常常是一种既非“天下”亦非“寡人”的精微：文案不是写给天下所有读者的，可它也不是写给一两位读者的，而这正是文案服务于用户的难点，也是文案编写最见功力处。

也许，最终，一则图书文案是写给某些“群”的：无论是相对精准的用户画像设定，还是更多仰仗经验惯性对象预设，文案对象是写给那某些大类中的某些小类人群阅读的：谁会声称森茉莉的《恋人们的森林》文案只是写给女文青的呢？谁会拒绝那些满怀妇人之心的男文青疯狂追捧森茉莉？

用户预设的确可以帮助编写者确认文案对象，可这并不意味着要将文案对象局限到某个人，某类人，安全稳妥用户设定，可以将对象预设成一小群——男男女女老老少少，一小群。

对象 三三律

所谓“三三律”，是指文案用户设定时的参照，它包括三个维度、三个依据、三个法则。

三个维度

相对于编写前用户设定“精准地模糊”策略，下列三个维度可作为确认对象时的参考：

年龄——这一维度是对图书产品主体读者年龄的预设，它是文案分寸拿捏的重要依据之一。作为文案编写者，文本内容、文本价值等要件自然不该缺失，但话该怎么说，分寸火候，与核心读者的年龄关联甚深——给学龄前读者编写文案，“寂寞”改成“闷闷不乐”会比较好，给耄耋长者写文案，则须避开“终点”“告别”之类的直白，换成“晚景”“夕阳”的委婉，让文案贴心、温暖……年龄的细节要商机，也要体贴，不矛盾。

兴趣、偏好——这一维度是对预设读者兴趣、偏好的预估，它也是寻找文案对象感的方法之一。大家都有在电影院吃爆米花的体验，如果将食用爆米花的场景换成湿地公园或广场舞现场，爆米花还是爆米花，可其意味已大为不同：同为麦大叔，电影院的麦大叔跟湿地公园的麦大叔却是完全不同的用户体验——历经多年文化消费流变，“爆米花＋冰饮”已是观影文化标配，这一消费模型对文案编写的启示是，编写者对用户群体文化兴趣、阅读偏好的把握和了解，可以帮助编写者号准接受群体的脉，让编写者变成聪明的厨子，架锅点火前，对食客口味心中有数：甜口？咸口？甜咸口？原味？改良？……有备而为，了然于心。

读者语法——这一维度是对预设读者文字偏好的预判：它可以是字词句篇，可以是句法句式，可以是语感、语态或语境。喜欢周杰伦的读者会对“哎哟，还不错哦”这一偶像口头禅倍感亲切；不喜欢小四的读者则会对“45° 仰望星空视角”莫名不爽……读者语法无涉对错，无关雅俗，它只是一种语用习惯、文字偏爱，在顺从预设读者年龄、兴趣、偏好的前提下，用目标读者熟悉、欢喜的语文方式传递图书信息，文案才会有的放矢，完成精准讨好的文案任务。常言道，读者即上帝，既是伺候上帝，理应全心全意，服务到位。

三个依据

“用户设定”虽只是假设，可仍有所依据，对图书文本的直觉是依据，从业经验也是依据，图书类型归纳是依据，同类书比较、定位、预判，也是依据，其中文本、现实、潮流三项最为重要：

文本——文本价值是文案对象预设的重要依据，当我们沉浸在有关对象—用户—读者—产品消费群的各种猜想中时，首先是对文本价值的讨论和确认。假使确认文本的价值是脂肪，那微胖人群、超重人群便不再是其预设消费者；假使确认文本的价值是豪宅，那上升欲望强烈的中产则理应被列入目标消费群。

现实——任何文案都是供当下读者览阅、参考的资讯，因此，编写者需明了，不管怎样预设文案对象，他们或她们一定是今天的读者。因此，无论是为《莎士比亚全集》写内容提要，还是为《书法有法》写作者简介，它的读者一定是生活在北上广黑吉辽的今天的读者，文案的默认语境即当下：当下五光十色的现世岁月，明晰如此，有助于编写者在设定文案对象时立足现实，看清现实，依据现实，在当下时间轴中寻找读者。

潮流——有潮流处有人群，有人群处有读者。依据文本要义，文案走向有时是顺流而下，有时是溯流而动，或顺或溯，无非希望所编写的文案能够帮图书产品找到读者。潮流即时尚，站在时尚、时髦、时代潮头，本即出版题中应有之义：或观念领先，或思潮超前，或折射深水区里的人性，或映照冰山下的痼疾，而把握潮流、理解潮流本即文案编写者必要修炼的内功之一。

三个法则

文案法则有很多种不同的讨论视角，在“对象”原则里，理解、把握、尊重是很关键的三种。

理解——理解是个大词，意味繁复，就文案读者设定而言，它主要是指编写者对读者的理解，它包括很多层面，从年龄的确认去理解，就是一层。“小三子，我带你上街街，戴帽帽，穿袜袜，我带你去买肉肉，吃饺饺，买包包”……这段道白出自相声大师侯宝林名段《普通话与方言》，将“上街”说成“上街街”，将“戴帽子”说成“戴帽帽”，将“吃饺子”说成“吃饺饺”，将“买包子”说成“买包包”，是因为言说对象“小三子”是个小朋友——文案编写亦如是，编写者越理解对象（读者），越能用对象（读者）熟悉的语言、熟悉的表达方式传递产品信息，所谓“理解读者”才会落到实处……希望有人帮他画出大雄家户型图的那位读者一定是一位“哆啦A梦”迷。

把握——这里强调的是，文案编写者对自己与读者关系的理解和定位。语言学者王希杰先生曾举例说，“早晨在马路上，对关系一般的，说：‘您早，上街是吧？’对比较熟悉的，说：‘是你呀！吃根油条吧？’对很好的朋友就可以说：‘鬼东西，这么早，想干什么坏事吗？’”……王希杰先生排列的这例证，讨论的就是言说者与言说对象之间的关系：其中“关系程度”是重要变量——关系程度不同，言说方式、言说内容会随之改变。编写文案也是如此，编写者越能准确把握自己与读者的关系，就越容易获取文案的言说视角——或鸟瞰天下，或促膝交谈，或搂肩搭背，或喁喁独白……决定视角或腔调的，是关系：你和他、他们——那些掏钱买你书的读者是什么关系？

尊重——从本质上看，文案编写者与读者之间的关系是相互尊重。相对于一册图书而言，编辑扮演的角色即摆渡者：将一本温情脉脉的小说、一本见地独特的专著、一本图文并茂的绘本推荐给读者，这个所谓“摆渡者”角色决定了图书编辑不过是先于读者的第一体验者，一个先于读者开始阅读的普通读者，因此，尊重是编辑职业技能中的默认项。那些位序在后、是男是女是老是少的读者你不知道，也不认识，可你洇渗在文案里的尊重，他们能够感受到。

细节 意义赋权

“然而，真正的悲剧从此才开始渐次上演，每读一页，都让我们止不住泪湿双眼，因为生命里难得的温情将被一次次死亡撕扯得粉碎，只剩得老了的福贵伴随着一头老牛在阳光下回忆。”

上则文案摘自小说《活着》1998 版内容提要，在小说情节链条里，被写进《活着》内容提要里的这头牛并非重要角色，与小说原著中作者精细刻画的家珍、凤霞、有庆、二喜、苦根等人物形象比，即或文案里忽略掉这头牛，并无不可，可文案作者偏偏选中了它，并将其作为全书内容提要叙事的落点，它所完成的，正是所谓“意义赋权”——一种由编者确认、出自文本但被重新激发、重新激活的意义——在编者看来，《活着》里的那头“牛”可寄寓繁复象征，可衍生无穷寓意，可承载文本要义，如是，这头“牛”有着家珍、凤霞、苦根等无可替代的作用。

如是，被牵进内容提要文案的那头牛不再是一头纯粹的牛——它是小说男主人公福贵人生历程的旁观者、见证者、陪伴者：没有它，福贵是纸片儿般脆薄的孤苦，有了它，两张孤苦互衬叠加，双份的伶仃背后显现出一条长长的阴影——它无形中放大了小说平实叙事中蕴含的悲苦，书未展卷，愁云已至。

同理，文案末句中的那缕“阳光”（只剩得老了的福贵伴随着一头老牛在阳光下回忆）也是一个很有意味的细节。编写者跳脱刻板思维，尽力躲避常规思维中诸如“凄风苦雨”之类的形容惯性，弃“苦雨”而选“阳光”，用阳光的温煦映衬境遇的凄冷，令人印象深刻，这其中隐含的审美态度是，更大悲凉是内心的恓惶，心的崩塌才最暗无天日……细节的魅力是反套路的魅力。

"'咦……你……莫非……就是神？''……YES。'好，50 卷开始了！"

"我听说游泳选手为了能划开更多的水，有的人的手指之间长出了鳍。那就是进化。漫画家也是在不停地画画，所以我也想出现些什么进化。比如……指甲的形状变成笔尖的样子。道路上女人的衣服变成可以透视的服装。卷 51，开始了。"

上列两段文案摘自日本集英社出版的漫画家尾田荣一郎作品《海贼王》卷 50、卷 51 两册作者简介，这两则文案的鲜明个性主要表现在三个方面：

一是人称个性化：这两则文案将作者简介默认的第三人称换成第一人称，新鲜刺激；二是内容组合个性化：编者一反作者简介文案资质、资历、过往荣耀叠加堆积的格式思维，在文案里让作者以第一人称现身，跟读者闲扯，唠嗑，聊天；三是记叙个性化：当作者简介变格为"第一人称聊天"设定后，记叙的自由度在超常变形的同时，也超常自由——《海贼王》卷50的“聊”制造出一种“以神自诩”的语境，傲娇自信;《海贼王》卷51的“聊”描画出一种“画笔生鳍”奇景，幻想和幻觉一齐起舞飞扬。这两则文案从“作者履历表”之类的窠臼中跳脱而出，变成作者与读者间的妙趣互动，别致有趣，年轻化，生活化，其间清澈漫流的少年气把文案照得敞亮明丽……细节的魅力是个性化的魅力。

“这里有一个用10根面条做手指、曲别针连接肢体的患病姑娘；这里有偷金鱼的女贼与头顶茄子皮的侦探的爱情故事；这里有朝生暮死、命如蜉蝣的男人和女人，相视一笑是很大的奢侈和浪漫；这里有从地里长出来的耄耋老人，逐渐长成壮年、少年、儿童、婴儿，最终经由女人的子宫重新变为种子；这里有可以溶解一切事物，甚至是浩瀚星空的万能溶剂；这里有致力于研究睡眠艺术的专家；这里有起初是女孩，30岁后变成男人，在阴暗的小酒馆里追忆粉红色少女时代的胡须大汉……”

上则文案摘自作家朱岳短篇小说《蒙着眼睛的旅行者》（北京联合2016版）内容提要，本案信息丰富奇异，最大特点是文案信息的陌生化：作者陌生，故事陌生，叙事腔调也陌生。

如果说，“陌生”本就是新人新作的常规，那么，故事、腔调的陌生化，则来自文案作者别出心裁的营造——在半生半熟、似是而非的语境中，为读者酝酿出一种貌似熟悉的陌生：面条，嗯，知道；手指，嗯，熟悉，可“用10根面条做手指”却令人疑惑；侦探，知道；茄子，了解，可“头顶茄子皮的侦探”却让人讶异、好奇……文案编写者从小说文本中提取出一组陌生细节，巧妙组合，将其中各种诡谲意象拼贴出诱发读者好奇的文案，导引读者在全景、中景、特写的流转中，对即将展开的阅读产生期待——期待它诡异百般的文学想象，期待它反转抵牾的哲学立意……

假设这则内容提要不是这样巧妙编织具象与抽象、正常与反常、熟悉与陌生，不是这样对“侦探”、“面条”、“土壤”、“子宫”乃至“茄子皮”等日常经验符号做陌生化提纯、加工，而只是选择诸如“光怪陆离”“话语迷宫”“哲学思辨”之类的形容词，读者就很难对文本产生新鲜感，原作的特异性、创造性也就难以被揭示……细节的魅力是陌生化的魅力。

细节的魅力是被文案编写者创造、提炼出来的——一种来自文本又独立于文本的平行再造，它们本就藏匿于文本中，能否成为文案中重要的细节，取决于编者对文本的理解，也取决于文案编写者的编写经验乃至鉴赏功力。

细节
层序式考古

“文化地层”是考古地质学中的基本概念，它所强调的地层层序律显示，一般而言，考古发现层序位在上者，是较新年代文物，反之，层序位在下者，则为较旧年代文物……参照这一规律，我们可以发现，文案细节的挖掘，其实也是一种考古——一种基于文化、文学、文本判断的层序式考古。

、

在叙述视角的层序中寻找细节——

“这本自传体式的小说背景是作家父亲一次意外摔倒瘫痪后，作者开始对尚未出世的儿子诉说自己所认识的父亲，以及父亲口中的爷爷，全书对儿子娓娓道来的情感真挚动人，小说所呈现的不仅是一个家族里的不同世代的父亲面貌，更以感性的史观展现外省第一代迁移来台的家庭价值，张大春这次呈现出张式小说中难得一见的抒情，绝对是白话文学朱自清《背影》以来最感人的父亲书写。”

上则文案摘自《聆听父亲》(台湾时报

2003 版）内容提要。在这部非虚构作品中，除“自传体”“第一代迁台家庭”两处细节，编者从该书精选出“代际讲述”（一个年轻父亲站在身陷沉疴的父亲的病榻之侧向即将出生的儿子讲述父亲以及父亲的父亲的故事）这一视角——它不是道具、口头禅之类的常见角度，而是那种结构设定上的特殊点，选用这一“结构细节”作为文案的讲述视角，既可召唤读者共情心，还可将这种基于人类共通经验的特别视角呈现给阅者。“一根锈钉子”或“半粒塑料纽扣”式的物件细节相对容易被编者发现，而这种结构设定类的细节却极易被忽略——其实，“命运线索”“叙事情境”“结构设定”之类也属细节，它是讲故事的方法，也是构建独特文本的结构骨架。

在关键情节的层序中寻找细节——

“安娜的姐姐凯特两岁时罹患严重的急性早幼粒细胞白血病，安娜的父母为了给凯特治病，通过先进的基因技术孕育并生下了与凯特的基因完美配型的小女儿安娜。从第一管脐带血开始，十三年来，安娜不断地向凯特捐献出脐带血、白血球、干细胞、骨髓……现在，凯特的肾功能衰竭，父母要求安娜捐献一个肾脏给姐姐。”

上则文案摘自《姐姐的守护者》(南海2008版)内容提要，文案最后提及的那个“肾”是该书情节里的很重要的一个细节——它是“妹妹”来到这个世界的因由，也是“妹妹”此后违逆父母之命的情节要点……“妹妹”如何抗命？“姐姐”如何求生？所有情节始终围绕那个“肾”展开、推进、演变——那个“肾”即整个故事的要害。

假使该书文案不提及它，不将它作为内容提要的关键细节，只对“保命”情节大书特书，书倒未必卖不好，可对编写者而言，难免“如人无手，虽至宝山，终无所得”。

在特异化环境的层序中寻找细节——

“吟着古老的歌谣，十三个矮人将比尔博拽进冒险远行的队伍。在这趟‘意外之旅’之中，与世无争的霍比特人比尔博，却孤身一人在暗如永夜的山底洞穴中发现了足以改变整个世界的小小戒指……‘在地底的洞府中住着一个霍比特人。’这就是一部伟大传奇的开始。”

上则文案摘自《霍比特人》（上海人民 2013 版）内容提要，编写者选择故事发生地——霍比特王国的环境细节作为文案切入点，将霍比特人传奇故事独特的生发地提示给读者——那些山川、地洞是霍比特人的世界，是其三观赖以生成的环境设定，是河堤、大树、山腰洞穴、林中秘地……这个从故事环境层序切入的细节搜寻提示出霍比特人世界的独特背景，也让霍比特人生活独门独户的日常在文案中被鲜明揭示。

细节 文本挖掘

挖掘节点——

“她在书中坦诚地记载了人生中的两段艰难时期：66岁，一段多年的感情走到了尽头，此时她不仅深陷抑郁症的泥潭，还接受了乳房切除手术，但‘打击唤醒了隐藏的力量’，她凭借坚韧的勇气继续阅读和写作、悉心打理自己的生活空间，最终以卓然之姿走出了困境。73岁，她不幸中风，却仍未被击倒，而是从大自然和日常生活中汲取力量，深入思考自身与过去的关系，完成了一段精神与身体的康复之旅。”

上则文案摘自美国作家梅·萨藤日记体自传《过去的痛》内容提要，它以时间为线索，从文本中挖掘出“情劫”“切乳”“抑郁”“中风”等关键点，引入文案，让案尾的归纳饱满充实。

对《过去的痛》这类非虚构作品而言，第一人称叙述视角+日记体体裁，已自带双重亲近感，而“情劫”“切乳”“抑郁”“中风”等节点细节的挖掘，强化了“亲近”的细节颗粒度，让“亲近”近到足以触摸和感知，也让传主故事传奇性落地生根。从中我们可得到的启示是，所谓文案的细节，其实是挖掘、筛选后的细节，尤需慧眼慧心。

挖掘要点——

“《皮囊》是作者蔡崇达的一部非虚构短篇作品集，书中收有《皮囊》《母亲的房子》《残疾》《重症病房里的圣诞节》《我的神明朋友》《张美丽》《阿小和阿小》《天才文展》《厚朴》《海是藏不住的》《愿每个城市都不被阉割》《我们始终要回答的问题》《回家》等14篇作品。”

为非虚构、短篇合集类的图书编写文案殊为不易。针对其多角度、多切口、多线索的特点，要点细节的找寻和筛选格外重要。

“《皮囊》一文中的阿太，一位99岁的老太太，没文化，是个神婆。她却教给作者具有启示力量的生活态度：‘肉体是拿来用的，不是拿来伺候的。’”

“《母亲的房子》里，母亲想要建一座房子，一座四楼的房子，因为‘附近没有人建到四楼，我们建到了，就真的站起来了’。为了房子，她做苦工，捡菜叶，拒绝所有人的同情，哪怕明知这座房子不久后会被拆毁，只是为了‘这一辈子，都有家可归’。”

“《残疾》里的父亲，他离家、归来，他病了，他挣扎着，全力争取尊严，然后失败，退生为孩童，最后离去。父亲被照亮了。被怀着厌弃、爱、不忍和怜惜和挂念，艰难地照亮。就在这个过程中，作者长大成人。自70后起，在文学书写中，父亲形象就失踪了。而蔡崇达的书里，这个形象重新出现了。”

仔细筛选后，文案编写者从《皮囊》收入的14个故事里选用《皮囊》《母亲的房子》《残疾》等4个单篇作为内容提要文案的细节标识：

选《皮囊》，或许因为它是书名同名单篇（编者对其重要性的肯定也是它被筛选为书名的原因），“肉体是拿来用的，不是拿来伺候的”——文中阿婆的这句名言，成为最能引起读者共鸣的细节预设；选《母亲的房子》，或许因为文案编者对作者礼赞底层母亲坚忍、执拗价值态度的高度认可；选《残疾》，或许因为该文得到评论家价值提示的画龙点睛（70后起文学书写中父亲形象失踪的局面被作者打破）——这个基于非虚构写作景深式的评判提升了《皮囊》写作的坐标价值，对读者具有号召和启迪——该书在认知价值方面填补了一个缺失已久的空白……从这些要点细节的挖掘中，可以了解，所谓文本挖掘，既是一个纵向的搜索，也是一个横向的平衡，二者互补，效果最佳。

挖掘呈现——

挖掘文本节点、文本要点，最终是为了更好地呈现……相比而言，呈现（表现）并不比挖掘文本节点、要点更容易,这就好比下厨待客,原料的采集固然不易，但开火掌勺的“临门一脚”则更见功力。

“（1）2011 年 1 月 3 日，大雪纷飞，保罗·奥斯特坐在桌前，写下《冬日笔记》的第一行字，此时距离他六十四岁生日还有一个月，距离他第一部作品《孤独及其所创造的》则已三十年……这是保罗·奥斯特对自己一生的剖白。（2）他以第二人称的方式、从局外人的角度来审视自己与他人的关系，进而审视自我、解剖自我；他以一种近乎随意而散乱的逻辑，组织起六十多年的人生碎片，描述了从童年到晚年之间的身体意识、感受到的快乐和痛苦、他与父母的牵绊以及对父母的探索与迷思，记录下从少年时代的性觉醒到中年深沉的婚姻之爱，以及他对食物、睡眠的思索和1987年他以作家身份开启的人生新旅程，而读者总能从字里行间找到他小说创作时的灵感来源以及原型。”

上则文案摘自保罗·奥斯特的《冬日笔记》内容提要，细察本案中的微妙表述，可感受到文案作者表达上的深厚功力——整个内容提要不过300多个汉字，但却包含了点、线、面不同层级：

点：本案从“2011年1月3日”时间点切入文案，这个看似随意的切入细节直至文案首段结束时才彰显其妙，对《冬日笔记》而言，那个“大雪纷飞”落笔时刻是作者开启这本自传故事的关键“点”，它像一只“复眼”，同时蕴含“回望”与“展望”。

线：本案标（2）部分所启动的，是一种常规线性叙事，不过，它不是流水豆腐账式的线性，而是基于时间进程的那种分主题叙事：“从童年到晚年”导引出“身体意识”话题,从“牵绊”“探索”“迷思”导引出“父母关系”话题，“从少年到中年”导引出“食色性”话题——这些精妙切割、彼此照应的分主题转述均由“第二人称”视角统领。

面：于是，在这则文案里，读者或许可以看到一个由细节节点、线性回溯合围而成的“面”：它是“他者视角”中的“我”，“线性讲述”中的“我”，同时，也是身处各种关系羁绊中的“我”……点、线、面各居其位，让这本碎片化回忆文本经由内容提要文案精巧地推介给读者。

编织细节是文案编写的重要原则之一，由上述分析可知，“细节”原则本身也很细节，没有精巧细密的观察、甄别、照拂，粗针乱线地缝纫串联，细节原则无从实现。

差异

差异化生存

“文似看山不喜平，画如交友须求淡”……这些老理儿，放在文案编写原则里，也合适——平铺直叙，千篇一律，老生常谈，是很多平庸文案的通病，它们令人沮丧，让人瞌睡——当一切不利因素都在有利时刻发挥作用时，平庸文案甚而秒变车祸现场……惨不忍睹，想救也难。

及格的图书文案一定是有个性的文案，而所谓个性，强调的是文案的个别性，差异性：高高低低，低低高高，逶迤错落，迥然独立。

曾看过一则公益广告文案，就一句：“请向摇头丸摇头”。该案与公益文案惯常的大词套路完全不同——它没有“珍爱生命远离毒品”之类的俗套说教，没有“纯净世界无毒最美”之类的阔大虚空，只用一个祈使句，它便将核心诉求说清道明，在修辞技巧上，该案将两种语境里“摇头”的不同义项并置排列，联合语调、句式、拟音修辞等隐性修辞，简洁而极具整体感，给接受者留下深刻印象……差异化有时只需巧用一个字。

因产品类型有别，图书文案的差异化远比广告文案复杂，至少在介质选择上，图书文案的表现技术还较原始——它不像平面广告文案，五颜六色，图文并茂，也不像影像广告、视频广告，左手声光电，右手清凉透，既能高科技，也能食色性。图书文案可资凭借的，只有文字，且只能在基本固化的前勒口、后勒口、封四、腰封等既有形制中螺蛳壳里做道场，这些局限都使图书文案的差异化创新更烧脑……当然，尽管如此，图书文案的差异化、辨识度、个性化还是要坚持，唯其如此，图书文案才有存在的道理，就算有一天，文案写作被机器人取代，恐怕仍然需要个性和差异——唯有差异化生存，才是高质量存在。

具体说，文案差异化“生存”理由有以下三点：

1. 图书文案是出版者定义自己产品的默认专有权，不管首版后有无重印，文案中有关该书的阐释和说明，是唯一来自出品方的官方定义。从产品角度看，生产者为自己的产品撰写一份基础信息，既是必须，亦为分内事……福柯说，定义的本质是一种权力——为什么要放弃？

2. 图书文案编写、组合、呈现乃至默认位置高度固化，使图书文案文本的差异化、个性化表述已是图书传播创新的唯一手段——都 32 开，都写明清简史，都做轻科普百科，唯有文案尚可成为产品区隔的标识，假如连文案也写得我中有你、你中有我，平庸肤浅，图书的差异性将无从呈现……尼采说，人要么永不做梦，要么梦得有趣——为什么要放弃一场满溢差异之趣的美梦？

3. 推介之责外，图书文案本身还是最重要的产品基础数据，对那些小印量图书而言，尤其如此。假设世上再无焚书坑儒之类的人祸天灾，再偏冷的图书都会永存于世——或在你我的书架上，或在某个小图书馆馆藏室的书架上……放眼时间长河会发现，在时间的永逝中，那些我们不以为然、不以为意的内容提要或作者简介会成为有关这本书最为宝贵的元数据，这么一想，图书文案其实自带永恒属性……博尔赫斯说，瞬间即永恒——谁愿用一个瞬间的敷衍搪塞永恒？

图书文案的差异化是指同一主题、近似主题文案的差异化——同为游记文学，同为乡土小说，同为非虚构冒险亲历，文案如出一辙，书与书看上去大同小异，一部作品的独特处也就无从宣示，打个比方说，这本“通县一日游”跟那本“京郊农家乐”选题本身已然疑似撞车，既已如此，文案就格外要写出特色，显现差异，而所谓“差”或“异”，或叙事角度有别，或语言腔调有异，或价值定位不同——找到了并呈现出A与B的不同，文案“选书参考”功能大抵圆满——将一本书的差异点用合适的表达呈现于文案中。

“高订”是时尚圈常用词，全称为“高级订制服装”。跟熟词“量产”意思相反，“高订”概念大致就是限量中的限量，只有较少的高端品牌才设有高订服务。有趣的是，高订原文“Haute Couture”汉化时，可写成“高级定制”，也可以写成“高级订制”，汉语书写的特殊性，使得在实际传播中，“高订”所指弹性倍增，为此，法国高级时装公会曾专门发表声明，强调只有被法国高级时装公会官方授予“高级订制设计师”的设计人员才可公开在设计作品上标记“高级订制”字样，而那些自封的“Haute Couture”，多属灰色地带，非写不可，也只能写成“高级定制”而非“高级订制”。

从文案差异扯到高订，是想说，有个性的图书文案常常就像高订品，其尺寸、面料、设计、剪裁等一概独家秉持，“增之一分则太长，减之一分则太短；着粉则太白，施朱则太赤”。

“《李敖回忆录》是李敖和时代颉颃最忠实的自述。言人所不能言，言人所不敢言；骂遍天下名人，却安然无恙；身处乱世，却一生倨傲不逊；在立德立言上，自喜成就非凡！”

上则文案摘自《李敖回忆录》（中国友谊2004版）内容提要，该案短小轻简，用词讲究，与惯常一遇李敖这类话题人物便堆砌形容词、排比句、罗列阿谀之赞的文案比，这则60来个字的内容提要字斟句酌，其中“颉颃”“倨傲”“自喜”三词的选用尤为精到：

颉颃：本指“鸟儿飞上飞下”之态，后引申为“不相上下，互相抗衡”，含“对抗”“较量”“倔强”“傲慢”等引申义。用这个偏冷书面语定义李敖为人的特异乃至他与这个时代的话语博弈、观念对抗，精确地提示出李敖行止“颉颃名辈”的不同寻常。而如果是用诸如“刺头”“杠头”之类的口语语汇去比拟李敖，相对饱读诗书恃才傲物好斗善辩性格复杂的这样一位文化奇葩而言，难免粗鄙无文。

倨傲：本义为“傲慢不恭”，这个词用在李敖身上，放在“颉颃”之后，不再是描述作者一以贯之的“颉颃名辈”惯性，而是在“颉颃”评估前提下，递进譬喻其与乱世的关系：面对乱世，“夫子犹有倨傲之容”，面对乱世，“此吏倨傲不逊”，如此情状，以“狂放”比之略显无文，以“傲慢”写之犹嫌单薄，唯“倨傲”二字既高订，也传神。

自喜：李敖一生命途跌宕，其人生故事多面且诡谲。评论家万静波曾说，在李敖身上，集合了“才气”、“勇气”、“批判性”以及“玩世气息”，“李敖是多面的：热爱他的人看他是大师；拥护者看他是战士；受过他帮助的人看他是仗义疏财；轻蔑他的人看他是青皮；畏惧他的人看他是流氓。狂狷、狡黠和厚黑，显示出传统中国流氓文人的鲜明特征”……将这种丰富、复杂以“自喜成就非凡”作结，简洁、机智、巧妙。

表面上看，精选词语只是口耳之学类雕虫小技，可在那些雕虫小技背后，有文案编写者对作家李敖为文的理解，有对名家李敖为人的包容，也有对名士李敖人性的宽宥——其中最值得借鉴的是，该案有态度，有判断，慧心巧笔，将态度、判断藏在机敏精准的遣词造句中，清冽，清晰，让整篇文案呈现出专属之美，高订之美。

“僻静的街道旁有一家杂货店，只要写下烦恼投进店前门卷帘门的投信口，第二天就会在店后的牛奶箱里得到回答：因男友身患绝症，年轻女孩静子在爱情与梦想间徘徊；克郎为了音乐梦想离家漂泊，却在现实中寸步难行；少年浩介面临家庭巨变，挣扎在亲情与未来的迷茫中……他们将困惑写成信投进杂货店，奇妙的事情随即不断发生。生命中的一次偶然交会，将如何演绎出截然不同的人生？”

上则文案摘自《解忧杂货店》（南海 2014 版）内容提要，概述不同人物各不相同的近虑远忧，该案紧扣“解忧”主题，让这本单篇故事集显现出不同于东野圭吾其他作品的特别，100 多字的文案里居然包裹了三重奇异：

写实之奇：与职场鸡汤励志那类图书不同，《解忧杂货店》里讲述的生活之忧远离抒情，它所再现的，是普通人的日常：病中恋人，漂泊追梦，家中巨变……

当这些庸常生活体验被作家编织为以“忧”为主题的故事后，字里行间透露的世俗气反而更让人感觉亲切——书中人物遭际不同，可他们的平凡、平常很容易引发读者共情心，而那些普适日常则成为本案区别于作家其他作品的显著标识。

梦幻之奇：比照本案日常忧烦之实，作家虚拟出的杂货店，其功用反而非常虚：卷帘门外那个投信口的设置又神秘，又诡异，“只要写下烦恼投进店前门卷帘门的投信口，第二天就会在店后的牛奶箱里得到回答”……将这个虚构设定与一地鸡毛的忧烦嫁接到一起后，书中那些坚硬、粗糙的难堪忽然似梦非梦了，那效果跟看电影有点像：观众知道银幕上的悲欢离合是假的，但却同时又坚信它是真的——逃离日常逻辑，进入故事逻辑。

激变之奇：可当人们将“忧烦”投入后，信箱吐出来的并非解决方案，而是一连串“奇妙的事情”，这个反转的情节专为逗引读者而写，悬念效果激变：它到底是怎样一个诡异信箱？为患者开药方是医生的职责，为无聊者写传奇故事是小说家的职责，前者务实，后者务虚，前者治病，后者造梦，前者头疼医头脚疼医脚，后者转换视角虚拟激变，二者都是奇迹——医者手到病除，作者妙笔生花，医道文道各不相同，东野圭吾笔下的那家“杂货店”给出的“解忧”方案既不务实，也不务虚，它究竟是怎样一间杂货店?

这样，当该案将“杂货店”的神秘、神异用清简文字写进内容提要文案后，粗鄙真切的忧烦融汇柔软缥缈的梦幻，一同营造出亦真亦幻的化学幻力：“生命中的一次偶然交会，将如何演绎出截然不同的人生？”……该案收尾处，这个拉升到人生主题的归纳让种种愁苦、怨念升华为一种远瞩高瞻，由此可见，所谓文案差异，常常“差”于解读，“异”于表达，“高订”所谓，大抵如此。

汉语“差异”一词据传跟兵法有关，有个考证称，它较早出自《三国志·魏书·齐王纪》：“整像为兵，能守义执节，子弟宜有差异”……借用这个考证，文案种种，也如博弈，它是文案编者与作品文本间的博弈，是文案编者与自我认知进化、自我认知局限间的博弈。

图书文案差异化可以有不同层面：有的表现于文本，有的体现于审美，有的再现于修辞或立意。

文本差异：在文案中用精确的文字，提示图书文本的独特性，是完成文案差异化表述的关键。精确的提示来源于深刻的认知和理解，它不是文字游戏或花哨文笔可以替代或补救的。俗话说，种瓜得瓜，种豆得豆，对图书文本深入精确的把握在前，才会有文案的精确叙述，使文案为读者提供的信息既清晰确切，又个性鲜明。

审美差异：此外，还应特别留意图书文本特有的审美调性和审美风格，它同样是文本差异化的组成要件。相比文本核心价值的独特，一部作品在审美差异上的独特，更多是一种主观判断——一种来自编者审美体验的偏好，编写文案，描述一部书稿的审美特点，只是编者对该书假想读者审美需求的一种预设，实操时，需特别留意节制主观倾诉，顺应客观预设——以预设核心读者的审美期待为诉求，努力将自我对文本的审美感知表述得大致符合预设读者群的审美期待，让图书文本的独特审美圆融妥帖地预报给读者。

表述差异：最终，图书产品的文本差异、审美差异必须通过文案的差异化表述，才会呈现给读者——差异化表述就像足球比赛的临门一脚，岂敢怠慢？不然，此前艰苦卓绝的所有难免功亏一篑。对于呈现和表述的打磨、修改、推敲就像装修：从设计草图，到采买物料，再到实施装修，需全程不断优化、矫正、修订，它既是文案编者与自我认知较劲的过程，也是跟文本较劲，跟预设读者较劲的过程，编辑这个位置的难，在差异化文案写作里表现得尤为突出。

差异化修辞有很多办法，下面是一些例证，供参考。

1. 推论法

推论本为逻辑学概念，将其列为差异化修辞术之一，强调的是它对搭建文案整饬、谨严的逻辑框架多有助益。

“实际上，福柯从未界定疯癫；疯癫并不是认识对象，其历史需要重新揭示；可以说，它不过是这种认识本身；疯癫不是一种疾病，而是一种随时间而变的异己感；福柯从未把疯癫当作一种功能现实，在他看来，它纯粹是理性与非理性，观看者与被观看者相结合所产生的效应。疯癫不是一种自然对象，而是一种文明产物。没有把这种现象说成疯癫并加以迫害的各种文化的历史，就不会有疯癫的历史。”

上则文案摘自《疯癫与文明》（三联书店2003版）内容提要，该案逻辑推论明了确切：

“疯癫并不是认识对象”“疯癫不是一种疾病”“疯癫不是一种自然对象”等一连串不同角度否定判断，对读者而言，既是准确的激发，也是清晰的引导，同时也是对福柯“疯癫与文明互生互文”这一研究主题的精要概括，推论法的使用让该案在“是”与“不是”不断推进下层层递进，读者的好奇随之不断反转。

2. 证言法

“2006 年，《长尾》作者克里斯·安德森在亚马逊网站上这样评价该书：‘这可能是 90 年代最重要的一本书’，并且是‘少有的一年比一年卖得好的书’。‘尽管书中的一些例子在十几年后可能有些过时，但（它们所表达的）信息却越来越成为真知灼见。’‘在那时人们还无法想象博客和维基等大众智慧的突起，但凯利却分毫不差地预见到了。这可能是过去十年来最聪明的一本书。’”

上则文案摘自新星 2010 版《失控》内容提要，该书是《连线》杂志的创始主编凯文·凯利的一部旧作，从差异化修辞的角度看，这则文案用到了证言修辞：

首先，“证言”提示《失控》的旧书新意——“90

年代最重要的一本书”“过去十年来最聪明的一本书”——文案开篇就将《长尾》作者克里斯·安德森对《失控》的赞誉并排推出，巧妙遮蔽了《失控》一书的时间上的年代感，并以此强调该书历久弥新品质；

其次，“证言”提示《失控》的传奇色彩——编者详尽展列《失控》一书有关大众智慧、云计算、物联网、虚拟现实等不同主题的预见性判断，暗示读者该书既有预见性，也具现实感；

再次，“证言”提示《失控》文本的大众学术特色——该案从作者学术写作、大众写作俱佳的特点切入，强调《长尾》作者的推荐具有权威性，它与那些敷衍、应酬的名人荐书不在同一层面……

该案给人的启发是，恰当选用权威人士的评语为新书证言，既是借花献佛，也是借用外脑之智，使文案风火相助，“一句顶一万句”。

3. 专词法

2011 年，上海书画出版社出版陈巨来先生所著《安持人物琐忆》一书，该书作者简介文案中有下面一段：

“陈巨来（1904—1984），原名斝，字巨来，后以字行，号墒斋，别署安持，安持老人、牟道人、石鹤居士，斋名安持精舍……他与许多文人雅士都有深交，如吴湖帆、张大千、溥儒、冯超然、谢稚柳等。”

这段文案中，“陈巨来别署安持”一句中的“安持”即为专词——对“琐忆”而言，先破解“陈巨来别署安持”典故出处，完成基础信息释义，可降低冷僻书名带给读者的陌生感，同理，《碧河彼时》(《碧河彼时——我的剑桥童年》)中的“碧河”、《20亿光年的孤独》中的“光年”等，亦在专词一类——化解这些个性化极强的专属词汇，让作品—产品差异化直接、醒目、清晰呈现给读者，是专词法的任务——破解疑问，稀释疑惑。

在实际语用中，专词概念弹性较大，变异多端，那些为某部作品—产品所特创、特指、特借、特撰的词汇，也在专词范畴内，如作家史铁生的《病隙碎笔》（陕西师大 2006 版）一书里的“病隙”二字是特创专词，作家黄伟文的《潮骚》(milk magazine 2005 版）中的“潮骚”是借用专词，建筑家隈研吾的《负建筑》（山东人民 2008 版）中的“负建筑”是术语类专词……这类为一部作品自创、自撰或借用的语词，个性鲜明，属基因级差异，在为这类图书编写文案时，在保存其基因层面的个性时，也应有对应的阐释或科普。

4. 拟人法

“貘赶夜路来到兔子家。兔子不喜欢吃西兰花了，可是在梦里，他却被一群西兰花团团围住了。貘把西兰花妖怪都吃掉了，坐下来喝茶。在兔子的梦里出现了一座全是西兰花料理的餐厅。兔子爱上了西兰花，貘放心了。”

上则文案摘自“吃梦先生系列”（北京联合 2015 版）《恐惧梦》一册的内容提要，文案所选用的拟人修辞给人印象深刻：“西兰花”是拟人，“不喜欢吃西兰花的兔子”也是拟人，句群整体同步拟人，效果神异。当日常生活经验被反常规、类童话口吻重新讲述后，陌生化修辞的新奇消弭了语用惯性里的怠倦，有效激活文案弹性,用新奇的讲述点燃接受者（读者）的好奇。

“少年请雪人来家里做客，这让这个冰冷的巨人非常兴奋，它看了猫、看了电视、试着开了开灯、把厨房的纸巾全都扯了出来，它喜欢大嚼冰块，但它怕火。少年‘嘘’了一声，轻手轻脚地把它领上楼，带进爸爸妈妈的卧室，让它看熟睡的爸爸妈妈。它盯着爸爸浸在杯子里的假牙看了半天，还戴上妈妈那顶缀着一朵紫花的宽檐帽，系上爸爸的领带，戴上爸爸的眼镜，穿上爸爸那条系不上扣子的裤子，照起了镜子……”

上则文案摘自绘本《雪人》（明天 2009 版）内容提要，编写者选用拟人修辞，将雪人与少年一见如故的邂逅描绘得栩栩如生，看电视、开灯、扯餐巾纸、嚼冰块、端详假牙……一连串拟人动作的组接，让故事里“雪人”的顽皮个性呼之欲出——那位“雪人”恍如我们的发小。

5. 人称法

“‘我是一条狗子，一条拼命写字的金毛，名叫梅茜。我想带大家去一个平时看不到的世界，然后为了正能量而战，正能量不是没心没肺，不是强颜欢笑，不是弄脏别人来显得自己干净，而是泪流满面怀抱的善良……你总会去到那些地方，雪山洁白，湖泊干净，全世界都在对你唱情歌。我是梅茜，我喜欢你，我在想你。从你的全世界路过之后，请让我留在你身边。’”

上则文案摘自《让我留在你身边》（湖南人民 2014 版）作者简介，在该书中，作者张嘉佳以一条金毛狗（梅茜）的视角，“写就了 7 个心动篇章和 37 个让人笑中带泪的故事”……该案的“狗眼”视角很特别——在这个反常设定里，作者戏称该书由作者与狗狗梅茜共同撰写，这一虚实相间的假设，让作者简介这种稳定刻板有余、创新空间狭窄的文本从惯常文本规定性中逃逸而出，呈现给读者虚实相兼、托“狗”言志、风趣幽默的一则作者简介，这一创意让这本自我定义为“成人睡前故事”的非虚构文本贴近现实，天真调皮。

第三人称常被认定为图书文案默认人称，它也被称为全知人称，本案的设定和创意一反常规，变第三人称为第一人称，变旁人介绍为作者自述，营造出作者与读者如面谈般的热络。

6. 断指法

“林内特·里奇维被一颗子弹打穿了头颅，尼罗河之旅的宁静也因此被打破。这位年轻，美丽，时尚——拥有一切的女孩，最终失去了自己的生命……赫尔克里·波洛的耳边回响着早先一位旅伴的话语：‘我真想用我那把亲爱的小手枪顶着她的头，扣动扳机。’然而在这异国他乡的场景中，一切并不像表面显示的那样平静。”

上则文案摘自《尼罗河上的惨案》（人民文学2006版）内容提要，该书是英国作家阿加莎·克里斯蒂代表作，“惨案”故事情节繁复纠结，几乎涉及一船人，编写者删繁就简，简介以女主林内特为讲述视角，剪除枝枝蔓蔓，让事主成为纷繁情节的主体，让故事焦点与讲述重点合二为一，让一船的各怀鬼胎、一船的人性冲突聚焦于女主人公，在有限的文字篇幅内将悬念推至最高。

文案编写中，专注其一不及其余即所谓断指法，如要断，先要舍，而舍弃之勇源于自信——相信自己找到了最能体现文本特色的讲述切口。

7. 情境法

“你是否也熟悉这样的场景：家人在一起，不是交心，而是各自看电脑和手机；朋友聚会，不是叙旧，而是拼命刷新微博、微信；课堂上，老师在讲，学生在网上聊天；会议中，别人在报告，听众在收发信息。所有这些现象都可以归结为‘群体性孤独’——我们似乎在一起，但实际上活在自己的‘气泡’中。我们期待他人少，期待技术多。不间断的联系，是否让人类陷入了更深的孤独？”

上则文案摘自《群体性孤独》（浙江人民 2014 版）内容提要，该案描画出一组手机党、低头族的日常——是亲密的疏离，是喧闹的孤独，是局限于回音壁效应的所谓认同，也是身陷信息洪流中的无助……而这些，正是作者费时多年研究、探讨的课题——现代都市人正在经历着的“群体性孤独”。

以虚拟语态重新讲述日常生活——先呈现困惑、忧烦、尴尬或苦闷，再给出排忧方法、思路——这种文案法即所谓情境法，它以问题为导引，以化解为重点，以解惑为目标，实用性强，剖析焦虑，化解恐慌，恍如医师诊疗,这疼吗？这儿呢？哪儿疼得更厉害呢？一本好书相当于一位好大夫，而一则及格的文案，则相当于好大夫的引荐者。

8. 视觉法

视觉表述是文案构成的另一种介质，在文案编写创意过程中，它也是重要手段，它跟文字表述有分工、有侧重，相互照应，合力向读者传递作品的各类信息，在出版实务操作中，腰封文案的实操常用到视觉法。

“专业：21世纪你唯一的生存之道”——在该书腰封上，这个强行代入意味极强的句子以很大的字号和很醒目颜色编排印制，虽然在《专业主义》（中信2006版）一书封面，这句“附加语”不是内容提要，不是作者简介，但其强烈的视觉呈现，已明确告诉读者，这个判断句是作者、编者认定的该书的主要价值所在……经由视觉修辞的凸显，专业主义的重要性被特别强调。

在该书封底上，另一段文字是：“是人才太少还是不够专业？任何人都能成为专家！你是一流的商务人士，还是平凡的上班族？差别就在这里！”……相比常规文案默认视觉格式，这段文字也借用了经由视觉传达完成的设计修辞，这种文本（文字）与设计（视觉）的合力，可使文案在视觉符号创意化表达的帮助下，更直观地传递图书产品的重要信息。

9. 反复法

“你的名字/用了世界上最轻最轻的声音/轻轻地唤你的名字每夜每夜/写你的名字/画你的名字/而梦见的是你的发光的名字/如日，如星，你的名字/

如灯，如钻石，你的名字 / 如缤飞的火花，如闪电，你的名字 / 如原始森林的燃烧，你的名字 / 刻你的名字 / 刻你的名字在树上 / 刻你的名字在不凋的生命树上 / 当这植物长成了参天的古木时 / 啊啊，多好，多好 / 你的名字也大起来 / 大起来了，你的名字 / 亮起来了，你的名字 / 于是，轻轻轻轻轻轻地唤你的名字。”

上面这首短诗是诗人纪弦的作品，它的主要修辞法即“反复”，诗中“你的名字”4字复沓叠加，搭建出循环、缭绕、不绝如缕那样一种回声效应，名字、你、的、名、字由弱而强，环绕耳畔，挥之不去，刻骨铭心的情感抒发也随之自微而萌，渐至炽热，随着作者不断勾勒、不断皴染开来的递进，读者的情感、情绪随之而动——这种用反复修辞强化情感宣泄的方法可以借鉴，其长处不在于说得更多，但却能让文案传递的情绪更为强烈。

“一个天才黑客，一个女杀手，一个特种部队军官，一个意识操控专家。他们受雇去做两件事：偷一把钥匙，获得一个密码。他们是职业罪犯，同时也是无可救药的厌世者；他们自我放逐，同时也在下意识寻找一条回家的路。而他们的雇主，则是人类自有文明以来所遇到过的最强大对手……”

上则文案摘自《神经漫游者》（江苏文艺 2013 版）内容提要，该案平行展开，描述“漫游团队”，并以反复修辞法特别强调，逐渐凸显“神经漫游者”定义的多面、多维，将这部科技朋克小说的诡异和神秘转述得清晰明了。

“本书是黑塞的诗集，收录诗约百首。诗歌对黑塞而言，‘是灵魂对经历的反应……诗最先只对诗人自己说话，是他的呼吸，他的呐喊，他的梦，他的微笑，他的挣扎’。他生命危机时期的苦难黑暗与混乱状态，内心的冲突与沟通也全都自然入诗。他的诗与他的小说、散文内涵完全一致。”

上则文案摘自《漫游者寄宿所：黑塞诗选》（上海人民 2013 版）一书内容提要，与《神经漫游者》一案近似，本案中引证的评语主要采用排比、反复修辞法，这两种修辞法虽未必增加文案的信息量，却有助于文案情绪渲染的强度，精确传递黑塞诗作情绪饱满炸裂的原生感。

反复修辞法在诗歌类图书文案中较为常见，却非必选，但在需要特别凸显个性、渲染情绪或传递个性独异时，确有效果——在其极富层次感、极富韵律感修辞效果的护佑下，图书文本庭院深深深几许的深意更容易传递，寻寻觅觅冷冷清清凄凄惨惨戚戚的寒意也更容易感染读者。

10. 品牌法

“他以文字名满全球。他的‘蓝调’令万千人神迷忧伤。文字是他的符号，‘跑者蓝调’何尝不是？不再是浮华迷茫，不再是旖旎感伤，不再羚羊挂角无迹可寻——写了几十年‘别人’的文字,他第一次只写自己：小说之外、故事之外、文字之外，均是不施雕琢娓娓道来，清淡如云，宁静如水……”

上则文案摘自《当我谈跑步时我谈些什么》（南海2009版）一书内容提要，该案一反常规，不以作者大名为引，反以第三人称起笔，用一种粉丝赞美偶像的腔调完成对文本要旨的介绍，很特别。

有关村上春树，粉丝所知显然多于一般读者，即或如此，以粉丝口吻、以粉丝群体为预设读者撰写文案，仍属险棋。文案编写时，非要避易求难、避稳试险，也可以，但前提是，作者知名度要高，作品影响力要大，以这两个标准评估此案，该书作者村上春树刚好适宜，作家作品一成品牌，其影响力便成为文案创意度、创新度的底牌，换成一位菜鸟作家处女作，文案非要避稳求新，风险会大很多——“他”？“他”谁啊？

本书“体验”章中列有关于《小顾聊绘画（壹）》一书内容提要文案“网络腔”的讨论（P.211），在该案中，那种贴近网友的网络腔是一种很亲切的表述方法……及至《小顾聊绘画（贰）》出版，作者知名度更大，书也更畅销，因此，相比《小顾聊绘画（壹）》，《小顾聊绘画（贰）》的作者简介文案变化较大：

“顾爷，姓：顾，名：孟劼，字：爷。故被称为‘顾爷’（没有啦，“顾爷”只是网名，我觉得听上去很酷，但经常会被打成“姑爷”，平白无故多了许多丈母娘）。高中毕业后，我把自己空投到了澳大利亚，学习‘visaul communication’（这里故意用英文，就是想表现得高端一点儿，其实就是平面设计的意思）。毕业后，顺利成为一名‘普通设计师’……关于艺术，一切的热情都源于单纯的喜爱。我并非科班出身，更没有教授头衔。因此，与其说我是在做科普，倒更像是嘻嘻哈哈地聊天。如果能在博您一笑之余为您增添一些吹牛聊天的资本，那也是极好的……”

相比《小顾聊绘画（壹）》,《小顾聊绘画（贰）》作者简介文案的“网感”再度升级，恣意顽皮之外，语感更多跳跃，更多脑洞，案中用到了谐音（姑爷说）、插说（括号内注解式旁白）等玩笑（空投到澳大利亚），用自黑式定位（苦逼设计师）和自嘲式简介，拉近作者（自己）与读者的距离，弱化读者对该书专业推介方向的阅读期待（嘻嘻哈哈地唠个嗑、聊个天），围绕“聊天”这一设定，用闲聊体文风传递新书要旨……在讨论这种基于互联网文化的诙谐自黑时，传统评家一向谨慎，好在文案是写给预设核心读者的，针对预设读者的话语修辞，也会更有效……所谓有趣，一定是有对象的有趣，没对象感，“趣”给谁看？

医学研究发现，多巴胺是与欣快、兴奋情绪相关的一种神经传导物质。实验发现，人在高兴时，大脑有关奖赏通路上的神经元会发出较多的兴奋性冲动，并释放一定量的多巴胺……从这个角度看，那种贴合消费对象兴奋点的文案，就是对读者的一种“奖赏”，它激发读者的兴奋、好奇，它让图书文案这类预告式讲述不再死气沉沉，枯寂乏味，同时诱导读者兴致，启迪读者期待，有趣的文案正是有效的文字多巴胺。

有趣更容易被记住——将这个普遍适用的生活经验挪移到文案写作中，那就是在编写图书文案时，“有趣”是一种策略——一种有的放矢的激励。

在日常语言生活中，名言、格言、箴言、语录、金句类文字，一直是文字消费市场里的宠儿，虽然很多文化人瞧不上这类满含浅薄、偏见的碎片化文本，但在自媒体时代，这类鸡汤文本，契合消费人群，契合快节奏的都市生活，契合所谓说吃就端的快餐文化特质，契合拇指阅读潮流的海量需求——那些信誓旦旦、期期艾艾的每日金句确实经不起推敲，可它快啊；那些一唱三叹、故作沧桑的今日感悟确实老生常谈，可它暖啊，更何况，毕竟其中偶有零星真知、片面深刻，辅以得体修辞，也就难怪它海量传播，需求日增……有了趣味的加持，鸡汤的轻浅被接纳，被“刚需”。

“如果你决心讲述真相，就把体面留给裁缝”“人类是上帝犯的一个错误？还是上帝是人类犯的一个错误？”“为什么你坐在那儿看上去就像一个没写地址的邮封？”“雪崩时没有一片雪花会有负罪感”“说出来愚蠢的话，唱出来就不一样了”“政府既需要牧羊人也需要屠夫”“谎言都绕了半个地球了，真相还没穿好衣服呢”“医生先是告诉我有一个好消息：有一种疾病将以我的名字命名”……

上面这些金句箴言、当头棒喝，或言之凿凿，或情深意切，或委婉含蓄，其共同点即有趣——或用有趣包裹沉郁，或用轻盈复现沉重，或用天真倒映沉痛，在其表述过程中，“有趣”既是修辞，同时，也是沉郁、沉重、沉痛的一部分，而当有趣成为内容的一部分后，文本更容易记诵，也更容易走近消费者。

当然，很多刻意的有趣，又很麻烦。对于一则百八十字的文案而言，有趣只是个方向，切忌文案尚未动笔，先存执念。文案像食材，所谓趣味，无非在尊重食材既有属性的前提下，少许强调、精巧贬抑、微妙藏匿、委曲突出而已……徽菜喜以火腿佐味，以冰糖提鲜，闽菜侧重醉、扣、糟，用炝糟、醉糟等技法将糟做到极致，川菜则重在鱼香、陈皮、怪味，集咸、甜、酸、辣、鲜、香于一体。这些，跟趣味的功用大致相似——文本为主，修辞为辅。更何况，文字趣味是人生经验、阅读经验、人生阅历乃至天禀性情的混合体，其呈现常常不过涉笔成趣，生搬硬套，生粘硬贴，生拉硬拽，为有趣而有趣就像给羸弱者贴胸毛，不过自以为是。

当然，趣味虽不是从天而降，精读文本、细读文本、深读文本，找到文本要义，才是“趣味”的基石，它通常包括阅读、理解、翻译三个层面：

一是阅读、捕获文本要义，二是理解要义中隐藏的深意，三是在此基础上将自己的理解归纳为读者喜欢听、媒体乐意听的新鲜有趣的描述和推介……针对不同对象的，不断揣测、翻译的这一过程，既是对读者的激励，也是对媒体的激励，同时，它还是对文案粗疏与精准、简要与繁复、通俗与专业不同维度既成效果判断、评估的过程——咸了？淡了？酸了？甜了？嗯，再给点趣味的鸡精？或增改，或删减，不断打磨——在那番大删大减、小修小补乃至推倒重来的过程中，编写者对文本的认知不断加深，而那些俏皮、有趣的表述也便水到渠成。

趣味 类荷尔蒙配方

趣味本不可说，非要说，可有直觉、谈资、个性、分寸、探究等内容，它们像激励、刺激读者或媒体的类荷尔蒙配方，也像激励、刺激食客（读者）或食评家（媒体）的食谱，功用只在供文案编写者参考……读食谱就读成个大厨的概率几近为零。

配方 1：直觉

直觉是阅览图书文本后的最初印象，它是文案编写者对图书文本的初始感知，此后落实到文案里的复述、介绍、评论，都与最初印象有关，其过程跟恋爱情境多有相似——在约女友聊天、吃饭、遛弯、逛街、看电影的那若干周末里，“直觉”虽战战兢兢，却一定新奇夺目、印象深刻……交往了小半年，直觉说“没感觉”，可“没感觉”，就是最确切的感觉。

“直觉”是一种印象判断，迅捷、直接、本能是其主要特点，它与编辑的既往经验、专业能力关联密切。图书编辑的所谓“成熟”，“直觉精准”算是一个重要标准：喜剧抑或悲剧？暗淡无光或光芒万丈？对成熟图书编辑而言，常可一望而知；幽默抑或黑色幽默？舒缓抑或峻急？一名成熟的图书编辑搭上一眼，已然心中有数，对图书编辑这一职业而言，对于文本反应迟钝还有救，延时顿悟总还凑合，最糟糕的，是麻木无感乃至于对这种麻木无感麻木无感，那还不如利人利己，赶紧转行。

有个故事说，某作家把作品投到某出版社，担心被编辑敷衍搪塞，书稿寄出前，作家将文稿很多段落用胶水逐一粘上——他觉得，假使编辑不读原稿，或未全部认真读完，随便翻翻就退稿，那些粘在一起的部分便成为证据。不久，书稿被退，原稿里那些事先被胶水粘住的部分毫发无损，于是写信怨怼，没想到，编辑回函给了个比喻：一个苹果好吃不好吃，吃一口就知道了。

这比喻寓意丰富，我从中感受到的是，编辑的职业本能、专业积淀，会对文本直觉、审美直觉产生最有效的影响，编辑自然不该敷衍作者，可对一个苹果的香气、甜度乃至口感的判断，确实无须全部啃完。

配方 2：谈资

谈资是个旧词，现已少用，它留下的空当已被段子、笑话、话题、流行语等补位，不过，狭义或广义谈资的内涵，又难于被其他范畴完全覆盖……流行语、顺口溜之类，尚不足以完全替代“谈资”。

谈资是对掌故、边边角角之类次要信息的一种概括，杂七杂八，包罗万象——涉及国学？可以，指涉军事、政治、经济、文化、文学、艺术？也可以；谈资里有段子？确实；有万物简史、八卦异闻、琐事奇谈？也都相关……可它又不是国学、军事、政治、经济、文化、文学、艺术、段子、八卦、异闻、名句、金句、奇书、怪谈，它与千奇百怪的知识、冷知识有关，但知识或冷知识又未必直接等于谈资。

从编写文案的角度考量，所有基于趣味需求的，与文本内容、文本作者相关的资讯，都可能对编写文案有所助益，当然，它应与文本价值、文本属性、文本特点相关，应围绕文本核心价值巧妙穿插编织占比得体的传说或珍闻……精准的谈资细节贵精不贵多。

配方 3：个性

趣味从来都是有个性的趣味。“举杯邀明月，对影成三人”“田夫荷锄至，相见语依依”——同是五言诗，李白的《月下独酌》与王维的《渭川田家》就算掩蔽作者，依旧个性迥然——李白找月亮交心，王维跟农夫唠嗑，这种个性差异当然也有题材、视角不同带出的话风之异，但其鲜明个性，更多来自个人经验、体验、感悟的独特——独特的风味，独特的趣味。

图书文案是工作文本而非个人写作文本，这一规定性，决定了文案的个性化应以图书文本内容为重心，所有与之无关的内容，不管多有趣，都应舍弃。敏感、敏捷、敏锐外，谈资丰赡、个性鲜明外，文案编写者还须抱持松弛宽容的专业态度，这是因为，对编辑职业而言，宽容甚至是比特立独行、卓尔不群更可贵的一种职业状态——一种基于编辑职业属性的个性：对文本敏感，对作家宽容，对异见倾听，对同行尊敬，在这种兼听广纳、兼收并蓄态度的统领下，趣味更易于自由生发。

要言之，图书编辑的职业人格以外圆内方为宜——圆是理解之圆，宽容之圆，方是规则之方，准则之方……全无专业水准，谁找你呢？没有圆融性格，怎么相处呢？

配方 4：分寸

“学会做编辑以后，比较讲究分寸。改革开放以后，我非常想在这方面做一些事情，可是又必须不能做得所谓的‘过分’。我当时的一个办法，也属于识相的一类。这是李慎之教我的，他叫‘向后看’——想办法了解外国的过去，重找外国书。我特别得意的一个例子，是房龙的《宽容》。我对房龙不熟悉，从上海找到了《宽容》在四十年代的旧译本，又想办法找到了英文本，立刻请人翻出来。这本书一出版就印了十五万册，一下就轰动了。人们都想不到，历史上都已经有那么多的宽容不宽容的历史了，而最后都是宽容得胜了。”

上段文字摘自编辑家沈昌文先生的一段自述（《也无风雨也无晴》），其中涉及与编写文案相关的另一个维度:性情——上段自述中，沈昌文先生所强调的“分寸”“识相”之类，跟文案的趣味性也有关联：与作者打交道，要讲分寸，跟作者谈写作，要有分寸，一部书稿著、译、校、修各个环节的推翻、推进、增删，都须拿捏分寸，而趣味之插科打诨、野史八卦、传说掌故之类，更是需要精准的分寸感。老话说，增一分太长，减一分太短，着粉则太白，施朱则太赤……得体的趣味也是如此——得体了,趣味叫趣味,否则的话,莽撞失敬，趣味越多，尴尬越多。

分寸是火候，分寸是得体，是对作品的理解，对作者的欣赏，对创作苦衷的了然，也是编者对作者个性的包容……在知会、理解、欣赏、包容的前提下，文案编写才有可能生发睿智、趣味，而在知会、理解、欣赏、包容诸项中，包容最要紧——包容作者的奇思妙想，包容作者的好脾气坏脾气怪脾气倔脾气，包容有关作品、产品的固执己见、一意孤行、反复无常乃至朝令夕改……当编者的审美设定在各种限定中仍在有效影响作者时，当编者的文化态度、专业意见在最大限度上与作者才华合拍共振时，图书文案便有机会始于知会、理解、包容，成于专业、生动直至趣味盎然。

配方 5：探究

此外，文本探究力也是趣味生成的要件之一，它是专业经验、文字修养、职业敏感、职业趣味等搅拌后的综合结果，其高低深浅，从文案成品中读者自能感受，它像一匹棉布的肌理，像一张生宣的纹路，难以言传，却可意会，这种文本探究力也是编辑素养的隐秘构成——不易标识的一种存在，它像风，身处其中，能感受到它的燠热或清凉，可你很难确切指认它的形状、色彩。

讨论文案编写的趣味性，却一再强调编辑的文本探究力，用意在于，与文本要义一样，一部书稿的有趣，来自体验，来自体会，来自文本第一位读者——编辑——锱铢必较般辛苦地挖掘和探究。

“七岁到二十二岁之间，我一直想成为一名艺术家。我把很多时间都用来待在家里画画。二十二岁那年，我说：‘我不想当画家，我要成为一个作家。’我大学学习建筑，后来仍时常问自己，为什么我没有成为一名建筑师。过去的三十年里我一直写小说，我最大的愿望，就是能够再写三十年，并以此为借口，将自己包装成另一个人。”

上段文字出自土耳其作家帕慕克，在这段自述里，我们看见了一位首鼠两端、犹疑不决的帕慕克——他顽皮，也天真，而一位诺奖获奖作者的这一面，是编者从《别样的色彩》近 40 万字的文本中挖掘出来的——从近 40 万字的文本中挑剔出这 80 来个字的能力，即编辑的文本探究力，它来自敏锐的专业判断，来自左右逢源的杂学储备，来自活跃的文化个性、包容的文化态度，而这些职业态度、职业修养看不见，摸不着，但却在文案编写过程中生发作用，它很难用规则去标定、衡量，可对趣味的生成十分关键——文本探究力越强大，发现、生成趣味的可能性也越大。

阅历可以帮助编者发现有趣——趣味的发现或表达与阅读相关，与阅历相关：阅读是读书，是读字里字外；阅历是读人，是读人后面的人、人周围的人……俗话说，读万卷书，行万里路，讲的大概就是这个意思。

农谚用“插根扁担都发芽”比拟土地的肥沃，契诃夫用“一根车轴”夸赞大地的滋养（你种下一根车轴试试，明年它一准儿会长出一辆马车来！）……对编辑职业而言，阅读、阅历是经验，是财富，全无阅读、阅历的储备，不知什么是扁担，什么是车轴，对土地、生产、四季全无概念，也就无法用契诃夫式的妙语去叙写对土地的热爱；同理，阅读量稀少，对基础修辞知之甚少，对经典名著中那些脍炙人口的桥段、篇章、段落涉猎极少，状写“肥沃的土地”，除去堆砌形容词，还能做什么？这么看来，阅读、阅历像是捕获趣味、再现趣味的双翼，相辅相成，彼此关联。

文笔可以帮助编者营造有趣——编写文案的常见遗憾是想不到，没想到，做到也就无从谈起，而比这类遗憾更糟的是，想到了却做不到——想法不错，创意不错，可心不应手，依旧无法编写出一则与内心期许接近的文案……想法无，一切无，想法有，未必有。

妙趣横生的文案连文案编写者自己也喜欢看吧?可所谓有趣,最重要的是把“想法”变成“写法”——确切地说，写法是想法的实践，是想法的趣味化延展，想法是一张设计图,写法的任务,就是把图纸变成现实。如果说，文案与文本意义的关联为第一重语境，文案与适读人群的意义需求、趣味匹配为第二重语境,那么,文案与阅读生态乃至出版风尚的合榫就构成了第三重语境。对不同维度、不同层面的语境了然于胸，趣味的呈现会更有效。

当然，文笔或写法需要不断训练，它与书籍内容的专业化程度有关——文本里讲述易容、美容，“颌面外科”就是专业;文本里讲述单反、微单，“德味”“数码调色”就是专业；文本里讲述吃货、舌尖，“古早味”“八大菜系”就是专业……

文案编写者当然不是无所不能，顶级杂家也很难做到百事知，万事通，可就算临时抱佛脚，为了写好内容稍显陌生的那则文案，编者也得恶补专业，快速学习相关知识，否则，为美容书编写的文案有硬伤，为财经书编写的文案有瑕疵，趣味之类更是无暇顾及……就操作过程而言，图书文案的趣味性，既需要历练、经验乃至煎熬，而其过程好生无趣。

通感 通感体质

在以照相术为代表的影像科技诞生前，文字是通感叙事的常用凭借——经过文字转述，文字复现出听觉的声波，重现出视觉的明暗，嗅觉、触觉、味觉，冷、热、酥、麻，等等，经由文字编码，都可转换为能让接受者感知的信息符号，有时，它甚至比亲身体验更逼真，妇孺皆知的《琵琶行》就是以文字复述再现音律之美的文本典范："嘈嘈切切错杂弹，大珠小珠落玉盘"——白居易用十几个汉字，鬼斧神工还原出乐器、曲调、演奏者间的天作之合，"此时无声胜有声"地用文字完成对听觉的仿拟式描述。

文案编写者虽然不是作家，但编写文案时，通感修辞可供参考，理由很简单，通感修辞的画龙点睛，对降低文案受制、受限的窘迫多少有所帮助，让文案成品或多或少尽量避免刻板。

而较高的期许则是，假使文案编写者本身自带通感体质，那么，文案的编写更容易穿越文本皮相，挖掘出文本中那些潜伏的意味，就像钱锺书先生所说，既然"颜色似乎会有温度，声音似乎会有形象，冷暖似乎会有重量，气味似乎会有体质”(《通感论》)，那么，撰写文案时，为什么只周旋于字面？

“这是一次在感官记忆的领域里不带地图的旅行，作者以这种方式记忆每一个走过她生命的男人，有人是皮肤的纹路，有人是亲吻的味道、衣服的气味、呢喃的声音，而且几乎每个人都令她想到某种特别的食物，都会让某个特别的男人重现眼前，那种火腿乳酪夹心面包，唤回他们最美好的拥抱，而那种德国葡萄酒，正是他嘴唇的味道……多年前的旧情像恋恋难舍的鬼魂那般坚持，回头来在暮年点燃一把淘气的野火。”

上段文案节选自《感官回忆录》(译林 2007 版)一书内容提要，细读该案，可以发现，恰当借用通感修辞的思维方式，文案表达效果或许自 2D 忽变 3D　不过百十来字的文案篇幅，却凭借通感修辞之妙,导引读者触摸“恋人”掌上橘皮样的纹路,耳闻“情侣”唇间乳酪般的呢喃,聆听“挚爱”臂弯间掺兑丁香、蜂蜜似的呼吸……通感修辞像“一把淘气的野火”，让庸常文案熏香染色，五味俱全……当然，与比喻、拟人、排比等修辞格相比，通感修辞尤须谨慎选用。

通感不神秘

不在文字里讨生活的平民百姓里，也有“文字高手”：菜市场那位老阿姨把“比初恋还甜”5个字写在小纸板上，插在黄亮亮的橙堆上，纸板上的那个“甜”字就“通”得简明漂亮……但那位老阿姨多半并未读过亚里士多德的《心灵论》，更没读过钱锺书的《七缀集》，可这并不妨碍她的体验、直觉乃至表达。老阿姨能用初恋比喻甜橙，文案编写者却无视通感，有点说不过去。当然，在文案里照搬钱锺书、亚里士多德的理论也是不得要领，文案的要义是吸引读者，不是吓跑读者。

通感很寻常

在日常语言生活中，在很多耳熟能详的熟词短语里，通感修辞的运用很常见：“珠圆玉润”里的“润”，是触觉植入，“歌声洪亮”里的“亮”，是视觉暗喻，“百般心酸”里的“酸”，是味觉比拟……这些习以为常的熟词、短语、句式告诉我们通感修辞是日常语言生活的老朋友…… “歌台暖响，春光融融；舞殿冷袖，风雨凄凄”（杜牧《阿房宫赋》），“感时花溅泪，恨别鸟惊心”（杜甫《春望》），“微风过处，送来缕缕清香，仿佛远处高楼上渺茫的歌声似的”（朱自清《荷塘月色》）——这些了不起的作家也都有通感体质吧。

通感需斟酌

是否选用通感修辞，需视文本具体情况而定，要量体裁衣，不要削足适履。“文案既然是广告中具有带动作用的要素，就不应该忘记文案和广告中其他要素如何取得密切配合的重要性，文案以及包装文案的视觉表现，可以说类似骨骼和肌肉的关系。先有骨骼，而后有相配称的肌肉附生其上”——日本文案研究者上屋耕一的这段话告诉我们：文案像骨骼，有了骨骼，信息传递才具有基础框架，相对于基础框架，通感修辞如毛发、肌肉，为通感而通感，为修辞而修辞，只会画蛇添足。

通感适度变形律

物理老师说过，表示压力作用效果（形变效果）的物理量，叫压强。参照这个说法，通感修辞产生的修辞效果类似微量元素，它对篇幅短小的图书文案所带来的“变形”微乎其微。在文案编写过程中，运用通感修辞需特别谨慎，“适度变形”是重要准则，过分形变，会让文案背离通俗易懂基础标准，扭曲做作，用钱锺书点评梅尧臣的话说，“从坑里跳出来，不小心又恰恰掉在井里去了”（钱锺书《宋诗选注》）。有关通感修辞，“适度变形律”包括以下三点：

律 1：尊重文本。写文案不是写诗，不是写小说，不是参赛有奖征文，一味炫技、无视读者和作者、为通感而通感、过度个性化的遣词造句、过度膨胀的表现欲之类，会让文案走火入魔，避免的办法是，编写文案时，要自始至终紧贴文本，以文本的规定性作为阐释、描述的起点和终点，按需而“通”，因需而“感”。

律 2：关注占比。写图书文案时，中规中矩陈述内容提要，一板一眼编写作者生平，算基本——本分之本，根本之本。与之相比，通感修辞不过锦上添花，它们就像生日蛋糕上的樱桃，把半筐樱桃一股脑倒在蛋糕上，“蛋糕”会被淹没，喧宾夺主的炫技对文案而言有百害无一利。

律 3：务求得体。合格的文案当然要有得体的文字表述，其中就包括修辞手法的得体，而所谓得体，一要可以理解，一要可以想象——作为阅读的先导性文字，上来先被完全失控地“通”来“感”去，自我浮夸，炫技招摇，那会让文案导引式讲述的基础功用丧失殆尽。

由上可知，跟赋比兴等常用修辞格相比，图书文案中大规模运用通感修辞的频次要少很多，通感修辞是一种需要节制的修辞手法，是一种“窄幅修辞”法，牵强附会，为通感而通感，得不偿失——就算那些酒腻子，也不是分分秒秒无酒不欢、时时刻刻开怀畅饮吧？小说虚构人物安娜（《安娜·卡列尼娜》）有一件镶着威尼斯花边的敞胸天鹅绒大氅，但托尔斯泰并未将它转送给《复活》里的玛丝洛娃，剧情不同，道具随之而变……通感修辞也是这样。选用通感修辞，以下三个维度可作为参考：

1. 挖掘。充分理解图书文本的要点、重点，充分挖掘作品文本价值、审美价值，在此基础上，再确认是否需要、可否找到文案编写的通感点。

2010 年，作家梅米娜·哥登与插画家露莎娜·法利亚合作创作了《一本没有颜色的黑书》，这本全黑的图画书获得过很多国际奖项，颁奖机构对该书一黑到底的视觉设计赞誉有加：在盲童托马斯的想象里，“红色酸酸的，像还没熟的草莓，它又甜甜的，像西瓜”，从摔破的膝盖上，托马斯顿悟到，“红色”甚至有点“疼”……为这本图画书编写文案，盲童托马斯的视角就是文案视角、通感视角，因为它本身就是一本用通感修辞串联而成的图画书。

2. 筛选。在分析、挖掘文本核心价值的前提下，还要对文案的通感点仔细斟酌和筛选，有时，文本中藏匿的通感点不过一处闲笔，唯有仔细揣测品味，才会发现它浅言中的深意，准确捕捉到那些可供渲染、阐发的点。

采访罗永浩，记者问及其时锤子公司高管离职一事，忽然插了一句：“你是哭了吗？”这个即兴之问像根令人不悦却又不宜回避的倒刺儿，停顿片刻，罗永浩说：“没有，我只是眼睛有点痒。”……这个以“痒”释“哭”的即兴回答机智诚恳，罗永浩用“痒”注解“哭”，从修辞上看，就是通感，一个小小插曲，让那则人物采访因藏匿通感修辞而显得生动。

3. 呈现。挖掘或筛选，最终是为了呈现，其中当然包括通感式呈现——文案的造句、修辞、增删、修润，出发点是文本，目的地还是文本，在图书文案实操中，这两“点”都需照顾到。

信任

信任社会学

信任是个复合概念，内涵多元丰富，在社会学、心理学、传播学、经济学等不同关照视角中，它有着不尽相同的特点、特质，在不同语境里，“信任”常常横看成岭侧成峰。

图书产品是文化商品的一种，置放在书前书后的文案兼具说明文案、广告文案、商品文案多重属性，既介绍、说明产品，也推广、推销产品，因而，图书文案编写语境中的“信任”，可归属于社会学范畴——一种人与人、人与产品密切相关的“社会学”。

信任的前提是信任

信任构成中的基本前提，正是信任，其中有诚实，有正直，有依赖，也有信赖，这一必备前提强调他者的知识、能力或动机于己无害，值得信任和依靠——它是一种预测，一种倾向乐观、积极心境的预测，认定即或结果未知，仍相信他者的引导或说教安全无虞；它是一种放心，对信息提供者理念、价值不存犹疑的、预支的放心……放心即信任。

文案编写者最需认真对待的，正是这种

预支的信任——位于读者、作者之间，文案编写者的职责即通过图书文案，传播作品所蕴含的价值，和读者一道分享作品价值，用诚意回应诚意，用信任理解信任，文案与读者之间一旦达成信任，传播价值乃至价值观的目的才有望实现：信任读者的智商、情感和审美，用信任换取信任。

信任的重点是尊重

图书属低值易耗品，与那种用户画像精准到性别、年龄、收入诸项的产品相比，有关图书的读者的数据研究宽泛而粗简，对出品方而言，一本图书的终极读者究竟是谁很难精准确认：一位男性路人甲？一位女性过客乙？一位高中女生？一位研二男生？都有可能。与奢侈品用户描述的精细比，跟保健品用户画像中消费者居住地 GDP 指数的确切比，一本 30 块钱的小说或一本 40 块钱的传记太便宜了，人家不过是买本《从你的全世界路过》随便翻翻，难道事先还要去请教理财顾问？

三伏天，冷饮店，门口“冰镇矿泉水 2 元 1 瓶”的小纸牌儿旁边放着个旧纸盒，盒边卧着冰柜，又渴又热的过客往纸盒里扔 2 块钱，自己从冰柜里取 1 瓶冰镇矿泉水，开盖痛饮，交易完成……这个每天都在街边巷角发生的人际互动，其内在依据，就是陌生人间的信任，其心理依据是，虽有潜在担忧，但仍保持正面期待，这种期待就是尊重：尊重你给出的承诺（所卖的矿泉水确为矿泉水，且清凉可口）；尊重你有言在先的约定（我往纸盒里扔的不是5毛是2块），尊重你开列的基础条件（我不在,但我相信你不会赖账白喝）。

出版方编书卖书，跟如上场景非常像：一本书不是一幢房子，它很便宜，在这一前提下，冷饮店的老板相信路人会扔下2块钱，路人相信自己喝到的真是冰镇矿泉水……循此，图书文案上宣称的一切，被你坚信不疑的各种说辞、解析或推介，既自带你对图书作者的尊重，也包含你对陌生读者的尊重，而你也将因此获取读者和作者的尊重……花钱买书是缘分，而缘分之缘，有一部分来自尊重。

信任的本质是分享

相比于日新月异、花样繁多的流媒体广告、植入广告、自媒体广告，图书文案样式单一，格式保守，这使得借由文案实现产品推广的效果较难把控。因而，图书文案所担负的推广、促销之职，更像是一个“兼职”，谁会对“兼职”寄予厚望？如是，与其寄望于用文案拉升产品销售，不如寄望于文案立言……价值让文案拥有灵魂。

信任需要寻找。信任的构成很复杂，它像一团混合物，掺杂着不少难于拆分的主观经验：它可能是一种态度，也可能是一种情感、一种情绪，可无论怎样繁杂含混，近似的价值观之间最容易生成信任，找到了价值，信任的建立才会成为有源之水，有本之木……价值让信任找到信任。

信任需要感染。在生活中，越是熟人、朋友、闺蜜、发小、邻居，彼此信任度越高，这种生活经验告诉我们，那个成为朋友、死党的过程，其实就是价值观彼此感染、同化的过程，它像一个相互施洗的程式，不断磨合、对表、核准、矫正……价值让信任塑造信任。

信任需要建设，也需要规划，其达成需满足以下三个要件：

要件 1：营造情感

2010 年，爱尔兰作家爱玛·多诺霍出版小说《房间》，小说出版后深受读者喜爱，小说曾获得爱尔兰年度小说大奖，入围布克奖、橘子奖等文学奖项，并入选《纽约时报》《华盛顿邮报》《彭博商业周刊》等年度书单……该书中文简体字版的内容提要文案起始句是个判断句：

“一个年轻妈妈的牢笼，是她五岁儿子的全世界。”

这个判断句以所谓“上帝视角”起句，直白清简皮相下，暗含繁复：它饱蘸母子之情——一种基于原始母爱的、错位而无奈的母子之情；它暗藏无言之隐——羞愧交织悔恨。读完小说，回头再看这个起始句，更能感受到它的简中有繁、蕴含深潜的特点，它宛如一个极简版召唤结构。《房间》中隐秘的蕴含，编者已提示在前，从中我们可能学到的是，文案建设的首要是情感——一种基于人世经验的同理心、同情心。

“我四岁的时候，对这世界一无所知，以为它只是一些故事。我五岁的时候，‘妈’对我吐露真相，说真实的世界大到你无法相信，而房间只是它的一个臭小点儿。”

上面这段是承接该案起始句（段）的第二段，至此，首句（段）的上帝视角忽然转换为第一人称叙事。视角转换后，本案别开生面，为读者搭建出一个基于杰克、母亲、世界三重互动关系的小世界——在那个小世界里，情感是纽带也是羁绊，是顽石也是基石：

“对五岁的杰克而言，房间就是全世界。这是他出生和成长的地方，他跟妈住在这里，学习、阅读、吃饭、睡觉、游戏。但对妈而言，房间却是老尼克囚禁她七年的监狱……然而，她终究只是一个母亲，而非圣母，她会不耐烦，她会生气地对着杰克大吼，她甚至间或性情绪低落到一整天不肯起床，也不给杰克做饭。正是这复杂而不完美的母性，让人纠结不已。”

上面是《房间》内容提要文案的第三段，在上帝视角、杰克视角后，这段文案回归图书文案惯用的第三人称视角，文案在这个段落里开启“人性挖掘”模式——与三次变更叙事视角同步实现的，是信息维度自小而大、自窄而宽的逐渐拓展：“上帝视角”完全主观，“杰克视角”非常个性，而“第三人称视角”则将此前的“极端”“个性”拉回贴近现实的关照常态——回归母性、人性探究的惯常主题。

当然，无论视角如何跳转腾挪，本案始终紧扣“情感”这一关键点，伴随小说爱的主题，伴随小说一言难尽的悬疑、纠缠、撕扯，《房间》爱的丰饶、恨的繁复愈发引人联想，读者的好奇心、探究欲也随之愈演愈烈，并因此对该书内容充满基于信任的期待。

也许，这正是文案信任想要的结果——小至相知相恋，大至国族示好，信任都是一锹一土建设的结果，滴水成河，粒米成箩。

要件 2：固化理性

信任建设另一要件是“理性建设”，只有情感而无理性，信任难以持久——理性是信任建设的固化剂。

“小说叙述一个奇才怪杰谋杀了26个少女的故事。其中每一次谋杀都是一个目的：只是因为迷上她们特有的味道……这本书不是一部通俗的惊险小说，而是一部构思奇特，充满幻想，立意深刻的严肃作品；自1985年出版以来，始终高居德国畅销书排行榜前列，已被译成30余种文字。”

上则文案摘自小说《香水》（上海译文2005版）内容提要，文案省略号前半部分简述小说的离奇情节，省略号后半部分，展开评论性描述，切入虽显生硬，却也直截了当，阐明了编者的阅读意见：猎奇故事仅为表象，诡谲人性仅如迷药，与那些优秀小说家一样，小说《香水》的作者是在借一个离奇的故事指东打西——离奇背后，人性深不可测。

读者浏览内容提要，一般都会遵循自具象而抽象、自感性而理性的认知模型，当图书文案也遵循这一认知惯性时，信息传播者与信息接收者也就位于同一频道：理性，是认知的基础，也是信任的基础，情感点燃认知，理性固化认知，信任的建立也就变成理性逐渐深化、固化的过程。

要件 3：信任有条件

信任建设的第三个要素是“有限定”——任何信任都是一种有条件信任，就算是在热恋人群里，“无条件信任”也非常态。

“两年多的时间，与乔布斯 40 多次的面对面倾谈，以及与乔布斯一百多个家庭成员、朋友、竞争对手、同事的不受限的采访，造就了这本独家传记。”

上段文字摘自《史蒂夫 · 乔布斯传》（中信 2011 版）内容提要第二段，这段文案给出四组条件：1. 唯一、授权、官方；2. 撰稿时长两年；3. 约见传主 40 余次；4. 不限次约谈传主的家人、朋友、竞争对手、同事 100 余位。

这四个不同维度的“条件”被置放在文案起首处，除特别强调，还顺带将文本后台编纂过程翻挪至前台，预先告知读者——这一不大常见的“前置”，意在向读者报告该书信源采集工稳、规范、可靠。

“有条件信任”与“无条件信任”的心理机制差异较大，前者“通常是有个人意识明确参与的计算过程，涉及明确的个人利益权衡，如个人利益、社会利益、短期利益、长期利益等；后者是“在这种理性意志参与之前就完成了的”，有条件信任“来源于高级思维支持的知道感”，无条件信任“来源于先验的知道感”——这就是说，有条件信任是了然基础信息后的“信任”，无条件信任则更接近直觉式盲从的“信任”……读者对文案信任多半“有条件”。

“尽管乔布斯给予本书的采访和创作全面的配合，但他对内容从不干涉，也不要求出版前阅读全文的权利。对于任何资源和关联的人，他都不设限，甚至鼓励他所熟知的人袒露出自己的心声。‘我已经做了很多并不值得自豪的事情，比如23岁时就让我的女友怀了孕，以及我对这件事的处理方式’，他说，‘对我而言，没有什么不可以对外袒露的’……正如苹果的硬件和软件一样。他的故事既具有启发意义，又有警示意义，充满了关于创新、个性、领导力以及价值观的教益。”

上段文案为《史蒂夫·乔布斯传》内容提要文案接续部分，这个部分以传主“不回避”“不设限”“不干涉”“不终审”的态度，导引出一连串扎实细节——“23岁让女友怀孕”是青春细节，“不要求出版前阅读全文”是用人不疑细节，而“不设限”“不干涉”“不终审”则是自信细节：心怀敞亮、自信满格。

最终，这些扎实细节的组合，构建出著者、编者与读者间的有条件的信任：情感真挚，证言凿凿，读者选购、选读这部传记终于顺理成章。

信任

微表情

在作者、文本、读者之间构建信任的过程，跟从菜谱到成品的过程有点像：熟读菜谱，对谭家菜制作工序倒背如流固然可喜，可它并不确保菜谱的背诵者一定就能做出一桌像模像样的榜眼席……图书文案中的信任感须从内容、修辞、价值、细节四个要素入手——它们就像一组文案微表情，不断演习、增删、琢磨、推敲，才会传对意，表对情。

表情 1：诚恳

“他是专业画家，有一天，一幅凡·高著名的素描突然映入眼帘，他当场就认定那是赝品。接着，就像被附身一般，他开始研究这幅画的由来，远赴巴黎、荷兰等地，看遍凡·高的真迹，用专业知识拆穿这幅画的伪装。然后，他从这幅画的可能伪作者以及凡·高书信等资料，配合凡·高临终前的两幅画，推演出凡·高的自杀真相。”

上则文案摘自《凡·高的遗言》（广西师大 2006 版）内容提要，这则文案跟该书作者简介文案有错位，有呼应，“提要”中介绍作者、画家小林英树“寻求凡·高自杀真相”的努力和坚持，这一情节与该书“简介”中的两个细节互为照应：① 作者小林英树是一名画家，毕业于东京艺术大学油画专业，因而，他对一幅画作的敏感，自带其他凡·高粉丝难以具备的专业性；② 除具备专业修为外，作为凡·高迷的小林英树还具备极强的探究、研究能力——为撰写本书，他费时三年多时间，追随“凡·高画展”，反复考证凡·高画作真伪，认真研究《凡·高书简全集》，逐一查证有关凡·高的史料文献。

这种有侧重且兼顾呼应的文案法，将《凡·高的遗言》一书专业、专一、专注的文本特质准确传递给读者，并还勾勒出该书的独特气质：以崇拜、追捧为情感导引，以专业、查证、研究为研究导向，情感炽热，专业精良，研究透彻，诚恳之至……诚恳的内容就像文案的“瓤”，有了它，读者更易心甘情愿，预支信任。

表情 2：得体

诚恳之外，修辞也是信任建设的重要环节——没有得体的字句辞章，文本价值的独特性、审美价值的丰富性仍旧无法传递给读者……连话都没说妥当，读者怎么信任你？

在有关“信任”的研究里，“外表”本即维度之一——在社交场域，那些面相友善、言辞得体、沟通到位的表述，更容易获取信任，由此可知，在与读者交流时，文案表述之皮至关重要，建立信任的全部“食材”（内容）已预备完毕，能否端出一碟色香味俱全的宫保鸡丁来，要看厨艺，是配色也是火候，是经验也是直觉……“瓤”扎实、诚恳，修辞之“皮”岂能敷衍了事。

“人和本性，也许不会变，但观点、嗜好、习惯、品位，这些都随时成熟，留于原地不长大是极其可怕的一件事。每一段感情都是一样，开头的时候，看表面情况，简直美得如天赐良缘，慢慢底牌露出角落，才发觉不是那么一回事……我忽然发现女人，不论是什么年纪，什么身份，什么环境，什么性情，什么命运，什么遭遇，生在一千年前，或是一千年后，都少不了这盒胭脂。”

上段文字摘自《开到荼蘼》（新世界 2007 版）内容提要，该案特别之处是，它一反人物、情节、悬念之类内容简介文案老三样，将亦舒小说的内容提要写成一则有关人性、人生的“独白”——它有三分文艺范的优雅，七分过来人的沉郁，喁喁独语，清冽高冷，唯一剧透的那盒胭脂漫不经心藏匿于繁复唏嘘之中，引人好奇。

得体的修辞就像文案的“皮”，“皮”为“瓤”在，二者相得益彰，信任更易于达成。

表情3：精准

“美国出版史上，鲜有比麦克斯·珀金斯更具传奇色彩、更像谜一般的人物。他发现了菲茨杰拉德、海明威、沃尔夫等多位伟大的文学天才，以激发作者写出其最佳作品的能力而闻名。在三十多年的职业生涯中，他致力于寻找时代新声、培养年轻作者，单枪匹马挑战几代人固定下来的文学品位，掀起了20世纪美国文学的一场革命，并渐渐改变了‘编辑’这一职业的作用。菲茨杰拉德称珀金斯为‘我们共同的父亲’，海明威把《老人与海》题献给他以表对他的敬意。他是作者们‘矢志不渝的朋友’，与他们共渡写作的难关，给他们毫无保留的支持和创造性的意见。作为一位文学编辑，珀金斯被认为是无法超越的，然而他始终坚持自己的信条：书属于作者。”

上则文案摘自《天才的编辑》（广西师大2015版）

内容提要，介绍麦克斯·珀金斯文学伯乐传奇故事，该案以“胆识”“眼光”归结其价值，并将其职业魅力提升至“缔造文学时代”高度，这一精准归纳已为该书假想读者预留出多种价值入口：

职业入口：你是一名编辑？那好，这本书可作为你职业起步的参照，可作为你职业修行的参考目标。

名家入口：你是一位文学爱好者？那好，这本书可让你一窥那些遐迩闻名大文豪的陈年窘事——他们的坚持，他们的隐忍，他们的煎熬，他们的脆弱。

历史入口：你是一位文化史研究者？那好，这本书可成为文学研究、文化研究、作家研究难得的原数据——其中有文学梦想的缘起、沿革，有文学活动的珍闻、掌故、八卦……

如上可见，在一则图书文案中，精准的价值提示好比“盐”，其主要作用，是帮助读者对作者抱有信赖，对文本抱有期待，在这一过程中，“瓤”“皮”“盐”缺一不可——“瓤”像信任生成的基础物料，“皮”是信任生成的语文津梁，而所谓“盐”，则是由“瓤”与“皮”混合后酵生出来的诱人滋味。

表情 4：精妙

“费曼得过诺贝尔奖，是现代最伟大的理论物理学家之一。但他同时也可能是历史上唯一被按摩院请去画裸体画、偷偷打开放着原子弹机密文件的保险箱、在巴西桑巴乐团担任鼓手的科学家。他曾跟爱因斯坦和波尔等大师讨论物理问题，也曾在赌城跟职业赌徒研究输赢概率。”

上则文案摘自《别闹了，费曼先生》（三联书店 1997 版）内容提要，这则短小文案信息密度较高，案中“画裸体画”“偷开保险箱”“担当鼓手”“精研赌博输赢概率”等细节密布，它们有效地颠覆科学家刻板印象，而当它们与费曼这位 1956 年诺贝尔物理学奖获得者身份组合到一起后，新奇感、新鲜感油然而生，这些精妙的细节像“光”，照亮了一个不同寻常的科学家性格构成中那些隐蔽、神异的部分，让读者满脸惊愕，满心期待。

按《现代汉语词典》里的解释，“说服”一词念作“shuō fú”而非“shuì fú”，它描述的是一种交流关系，进入交流语境，先要面对的，是交流对象。当然，在某种语境中，交流即省思，常言所谓“说服自己”，大抵如此——在那种纠结万般的情境里，自己跟自己撕扯、自己跟自己拉锯：那个“果断的自己”站出来去说服那个“混乱的自己”：A 是果断，B 是纠结……不管谁跟谁，说服是一种交际。

“说服”的“说”指语言表达，“服”为心理认同，通过“说”而达成的基于心理认同的“服”，是交流过程，说服了（正向结果）还是没说服（负向结果），都是交流。

在社交生活中，生成负向结果的说服，跟口语表述中的“忽悠”挨得很近，2001 年，由演员赵本山、高秀敏、范伟表演的小品《卖拐》传之久远，小品中对“说”与“服”的“忽悠”全程做出了传神演绎，其经典桥段是小品中“赵大忽悠”的话术——没有赵本山机敏绝顶的“说”，四肢健全的范伟怎么会被忽悠瘸了？

这个以负向说服的例证内含各种政治不正确，不过，从江湖语文角度看，它逼真地再现了“说服”在语言生活中的复杂样貌，它一点不学术，可它的话术却有规可依，它一点不抽象，可在它缭绕万般的话语密林里，迷失很常见。

跟小品里赵本山忽悠范伟买拐不同，阅读语境中说服所达成的沟通，是指阅读过程中的精神沟通：是价值分享，是审美传染，是趣味传播。在这一过程中，出版者希望借助图书文案，说服读者买书、翻书、读书，以此传播书中的经验、价值和观念，其过程大致包括三个层级：

① **与作者沟通**。出版者与作者的沟通，是一个复杂、交互、长时段过程，自组稿至出版，自出版至宣推，自前期策划至后期营销，沟通是整个过程里的重中之重：出书前，沟通重在了解书稿创作主旨、作者写作状况、作品风格，进入中后期，沟通重在了解市场同类书状况、作品推广、销售卖点、营销策略等，芜杂而琐碎……这些往复不断、随时变化的沟通，是要从不同角度和层级，挖掘并确认图书价值，为文本价值要点打草稿，为文案编写做准备。

② **与文本沟通**。除与作者沟通外，出版者还要在精研文本的基础上，对文本做出准确的价值判断和产品类型评估，这一过程即所谓“与文本沟通”：它是一种把握，一种理解，也是一种挖掘和确认。如果说，

图书文本就像作者的孩子，责任编辑就像助产士，他对新生儿的把握、理解，不仅关系着新生命的安全降生，也关系到他的未来……文本就像一条命，呼吸、脉搏、血压、心跳……麻雀虽小，五脏俱全。

③ **与市场沟通**。这里强调的，主要是对出版生态、阅读风尚的把握和了解，它对于出版者界定作家、作品的价值点、诉求点有很好的参考价值……“我的位置就在二流的最前列”——这话据说出自作家毛姆，作家尚在如此定位自己（也是自嘲），扮演助产士角色的编辑更应对所编作品的市场前景多研究，多思考。

无论哪个层面的沟通，作者、读者、出版者都是平等的，在互联网时代，平等分享、平等交流尤为重要。文案所希望达成的，是对产品核心价值的找寻、挖掘和确认，它与职业无关，与机构无关，与平台无关，更与权力无关……抱持这样的交流态度，才有望完成交流的目的。

说服 布道之道

说服是推销。图书编辑作业完成，销售便成为最重要的任务——没有销售就没有传播，没有传播，出版和出版物所谓价值，也便无法体现。出版本是一盘生意，跟交易小米、大米、锤子、铁锹不同的，只在于它卖的是书，并借由图书传播文化，分享审美，在这盘生意里，图书文案就像文化布道：推销产品，推销生活观、价值观乃至世界观。

既是推销，先要解决说什么，怎么说："说什么"要求编写者对文案重点心中有数；"怎么说"要求编写者对文案的记叙角度、表达方法、预期目标等了然于心。实务操作时，"说什么""怎么说"是不断探索、调整、优化的过程，常伴随图书作业全程——随着理解的加深，分析的拓宽，认知的修正和表达的优化，"怎么说"也在推敲、重组、打磨、增删乃至推倒重来的过程中逐渐接近较为合理的状态——

这一过程枯燥而辛苦，它无定式，无标准，往复不断，它是职业惯性，也是职业态度。它契合编辑职业的杂家属性：虽因杂而失之于精，但在快速学习、准确判断、务实操作方面，编辑的慧眼和才情也得以张扬。利用这些职业优势，编辑以文案为手段，说服目标读者，而它所完成的，即所谓文化传播：基于独特价值观、世界观的那种“说”，基于理解、认同这种价值观、世界观的那种“服”——这也就是说服行为在交际、沟通、推销之外更具价值的传播意义。

布道之道多有如下三层含义：

1. 传播价值

“在当今社会，价值混乱已经不是最严重的问题，更严重的是思路混乱……在《你以为你以为的就是你以为的吗？》中，作者精心设计了 12 道检测思考清晰度的逻辑谜题，涵盖哲学、逻辑推理、信仰、思想一致性、禁忌底线、道德标准、艺术、身心灵、自由、终极逻辑常识等多个有趣话题。你可以通过 12 个谜题快速提高你的思考力，抓住别人的思维漏洞！”

上则文案摘自《你以为你以为的就是你以为的吗？》(中国人民大学 2012 版)内容提要,从该案可知，该书试图从哲学的角度清理思维乱象，借助重新构建的常识框架，帮助读者清理思维中的混乱，弥补思维里的漏洞，破除日常生活中那些自以为是的谬误。

当然，有关价值，偏见多，误解也多。有人认为唯宏大叙事有价值，鸡毛蒜皮无价值；有人认为恢宏辽阔有价值，轻薄微茫无价值：与《沉思录》相比，《从你的全世界路过》有什么价值？与《第三帝国的兴亡》比，《小时代》有什么价值？

这类非黑即白思维方式的粗暴简单显而易见，它排除了思维范式的多样性、丰富性。“喜欢买书”和“喜欢买春”当然是不同价值观，可“买书”与“买春”不一定不能合二为一……也许在这个世界的某个城市，恰好有位朋友，既欢喜买春，也欢喜买书，反之亦然，其间区别仅在于其价值排序或价值配方占比大有差异。

价值、价值观原本复杂而多维，一件图书产品，无论多么完美或糟糕，本质上都在传播价值：或大或小，或主流或非主流，或恒定千古，或从流一时，这种复杂现实本身，最好地呈现了价值观的丰富性：审美维度，政治维度，经济维度，宗教维度——在不同的维度关照里，那些或协同，或抵牾的价值观彼此纠缠，在冲突和对抗的过程中或变异诀别，或相安无事，或优胜劣汰，一组组古老的价值观因此历久弥新，一波波簇新的价值观因此喷薄而出……甭纠结，写文案去吧。

2. 传染情怀

“人类发展的长河中，星汉灿烂。星光的每一闪烁，都在人类历史中留下了动人的一笔，甚至翻开了崭新的一页。奥地利著名作家斯蒂芬·茨威格以独特的手法，重现了历史上的十二个重要时刻，从拜占庭的陷落到滑铁卢的一分钟，从谱写出《马赛曲》的‘一夜天才’鲁热到乘坐火车犹如‘炮弹’驰回俄国从而震惊世界的列宁。各种人物在他笔下栩栩如生，事件的来龙去脉尽融其中，使读者也情不自禁地回到了那撼人心弦的年代。”

上则文案摘自《人类的群星闪耀时》（三联书店1996版）内容提要，在介绍这本名作时，编写者紧扣关键词“群星”“闪耀”，将相关重要时刻横向并置，从事件史实、事件瞬间、情怀抒发等角度渲染茨威格的一腔情怀：

事件史实：《人类的群星闪耀时》是一部历史特写式大众读物，全书从“人物”视角切入，以“关键时刻”为叙事重点，这种以小写大、自窄而宽的撰写法，可很快拉近普通读者与伟大人物之间的距离，将读者代入一个细节繁密的伟大往昔。

事件瞬间：随后，那个窄小、独特的入口快速拓宽，跟随作者的娓娓讲述，读者的感知潜入由历史、人文等丰赡事件组成的事件海洋。

情怀抒发：与近似作品比，《人类的群星闪耀时》最能彰显茨威格特有的情怀和魅力，他凭借诗人、记录者、戏剧家多重身份，重新审视、编织那段历史时，选用了新奇而富于诗意的讲述方法，它变旧事为簇新，让往事现诗意，让“重新讲述”变成“重新发现”。

此外，该文案还特别顾及全书非虚构文本的基本特质：真实、确切——全书附录详尽的注释文本，与主文本相辅相成，使阅读者聆听独唱之外，也能同时听见它背后深沉浑厚的伴唱，体察神异的因果和机缘。

《人类的群星闪耀时》一书中文简体字版有很多不同译本，就“内容提要”而言，三联版的内容提要文案最富诗意，该案编写者的撰写心境虽已无从求证，但以读者的感受而言，该案最有参照价值的，是其文案调性与茨威格的文风的贴合：富于诗意，爱憎分明。从传播视角看，藏在文案字里行间的一往情深就是情怀，情怀会传染情怀。

3. 启迪未知

"X射线分析发现兵马俑上的蓝色颜料并非埃及蓝的'后代'，主要组织相容性复合体决定了一个女人会不会爱上一个男人，非主流的自平衡地球控制理论点出了和谐二字的精髓，计算机和进化论比化妆品更能决定一张脸美不美，宅男遇见媳妇的几率大小取决于是否身处德西特时空，有人会因为拥有灵敏的味觉而不喜欢喝酒……这本书精选科学松鼠会多位作者的作品，包括色、爱、和、美、宅、酒说、新生、艺术8个主题。在每一章中，各位松鼠们从物理、化学、生物、信息技术、音乐等不同的学科视角出发，用专业化的知识、通俗化的语言对主题展开了别开生面的诠释……呈现在你面前的是一个剥去了严肃外壳之后的异彩纷呈的浪漫科学世界。"

上则文案摘自《冷浪漫》（中国书店2011版）内容提要，该案聚焦色、爱、和、美等抽象主题，辅以对应细节，虚实兼顾，杂糅抽象、具象，借以激发读者期待……其介绍指向未知，其间铺垫多为已知；其诱导指向未来，其间铺陈多是奇趣——这种以启迪未知为叙事驱动的文案思路，非常契合知识青年类读者的口味——他们处在人生求知欲的旺盛期，这种熟悉与陌生、已知与未知的有机组合，能较好满足他们自我印象管理中的“愿景”之需，清晰描画蓝图，有效化解焦虑。

说服类别繁多，有“单面说服”，有“双面说服”，还有“多面说服”，在文案语境里，无论哪种，都应围绕“服务于读者”这一主要诉求，通过有效的信息组合，将一本书的内容特色、样貌风格传递给读者。

有效的说服是有对象的说服，既不对牛弹琴，也不面向虚无。打比方说，它就像一场圆桌恳谈，参与者年龄有别，职业各异，需求不同，兴趣纷乱，编写者唯有倾听，方可能了解状况，把握读者的焦虑、喜悦、寂寞或渴望，让说服奏效。

“（本书）以厕所为主线，无论是对49位日本名人家厕所的采访，还是择要介绍东西方厕所的历史演变，甚至太空飞船上的高科技厕所。在本书中，河童又一次展现了其不同寻常的魅力，不仅让一个常常被人忽略甚至羞于谈论的话题变得生动有趣，还让那些包括学者艺术家文化评论家建筑师还有棋手投资家企业家探险家等各界名流在内的人们，心甘情愿地将自己生活中最隐秘的角落，他们各自对厕所的理解乃至与之有关的种种怪癖，一一昭示于人。”

上则文案摘自妹尾河童《窥视厕所》（三联书店2011版）内容提要，该案点面齐全，起句直奔主题——厕所。文案编写惯例中，开门见山的写法很常见，直截了当、直奔主题可使文案快速完成找寻读者、筛选读者的要务，不遮不掩直接问：你想了解有关厕所的事儿吗？

妹尾河童是日本知名舞台设计家，其作品文字质朴，角度新奇，其插画作品的特色是绘图精准、细腻专业，细节还原度高，摹写一丝不苟，在该书中，每张手绘插图均依照受访者家中厕所实地测绘数据精绘而成，其中每个小物件的数量、摆放位置与受访者家中实况完全一致。不过，“厕所”这类奇书，也不会让所有读者都有兴趣，因而，直奔主题的开篇尤显重要——先向那些预设中的潜在读者发出明确信号。

“凯文·凯利对于经济和社会发展的趋势有着深刻的见解。20年前，他的《失控》一书，便已预见了当下几乎所有的互联网经济热点概念，如：物联网、云计算、虚拟现实、网络社区、大众智慧、迭代等。此次，凯文·凯利在新书《必然》中，提到了未来20

年的 12 种必然趋势。”

上则文案摘自《必然》（电子工业 2016 版）一书内容提要，该案从作者旧作《失控》一书的精准预见性切入，导引出作者新书《必然》预测“未来 20 年的 12 种必然趋势”的内容重点，这种对于互联网未来的前瞻性关注，既为“网络文化发言人和观察者”凯文·凯利所擅长，同时也是互联网从业者非常关心的行业内容——一位 20 年前即已预言今天的作者再次预言 20 年后的种种，难道不值得看看、翻翻？

“世界上有三件事不可隐瞒，咳嗽、贫穷和爱。”这句犹太谚语中的“咳嗽”之喻，很形象，好的文案也应该努力成为一声“咳嗽”，但在成为“咳嗽”前，文案编写者应该先去了解读者“咳嗽”（需求）——当作者、编者所关心的内容与读者所关心的内容趋同或接近时，读者便会用“购买”回应“咳嗽”，用他的阅读响应编者、作者的“咳嗽”。

“或许，女人们终其一生都要抵抗地心引力带来的下垂与松弛，还要对付爱情、更年期、空巢期与生活中的其他难题。20 岁时你对自己的种种不满，到了 40 岁之后，都将成为你最怀念的东西……从颈纹的烦恼、女人与包包的爱恨情结、打不完的保养圣战，到更年期的适应、生活的百般体验、爱情的微妙感受……十五篇精彩的文章，十足的勇敢、极端的有趣、充满热点的实话实说，是一本小女人、大女人还有爱女人的男人都不能错过的绝妙好书。”

上则文案摘自《我的脖子令我很不爽》（万卷2007版）内容提要，该案腔调高仿原书，幽默，伤感，傲娇，自嘲，文案从那条“下垂的颈纹曲线”切入，控诉岁月无情，坦陈衰老之哀，传递内省、坚忍、磊落的自信，并决意要像堂吉诃德一样，向时间开战……这种基于悲观的乐观，基于绝不屈服的傲娇，为读者描画出一个自省者的生命意趣，又高级，又励志。

“黄小仙儿，27岁的大龄少女，从事高端婚庆策划；胸前无大物，姿色平平，家境也一般，唯一拿得出手的，就是一口刻薄言辞，和对这世界满腔的乐观。长途恋爱谈了七年，没有修成正果，反而在商场里看到了男友和自己闺蜜喜笑颜开地走在一起。”

上则文案摘自《失恋33天》（中信2010版）内容提要，这类虚构类作品的内容提要常选用情节复述格式，本案亦不例外，不同的是，在阐释小说人设时，提要融入了漫画式笔法，辅以“陡跌”修辞，用鸡汤俗套包裹反鸡汤、反套路内核，坦荡敞亮，清冽风趣。

“在这（本书的）九个故事里，每个人永远都在出演着一场注定失败的戏码，外部有多么丰盛，内部就有多么荒凉。可那些被日常湮没的情意有如沙里藏金，教人欲走还留：即便在竭力挣脱的时刻，即便在最想去死的瞬间。”

上则文案摘自《我们夜里在美术馆谈恋爱》（中信 2014 版）内容提要，该案一反虚构类作品文案最常用的情节复述套路，它以“戏码”作喻，将小说题旨埋伏其中，用比喻暗指小说中融入肌理、血脉的诗意、窘迫、尴尬和辛酸。

这类文案是在讲述“内容提要”，也是在简述“情绪人要”，不同的是，前者偏皮相，后者偏精髓，前者有一说一，后者精要含混，蕴含太多“不确定”——它不是板上钉钉的判断，不是掷地有声的宏论，不是全面深刻的总结，它努力呈现的，只是自言自语似的唏嘘，惴惴不安的感喟，其字里行间或隐或显的那些个“不确定”异常迷人……文案写得再聪明，也只是编写者理解作品时的一孔之见，斩钉截铁写结论、给定论，哪儿来的底气？

1.**“不确定”是一种平等的交流**——它不是出版者对文本内容的不确定，而是对文本启示指向、意义指向的不确定；它不是出版者对文本茫然无知的不确定，而是避免唯一正解、权威解读之类的简单粗暴，让文案仅以“参考”“参照”的维度呈现给读者……这种谨慎的交流态度会让文案与读者一起启动探讨，彼此关联，彼此尊重。

2.**“不确定”是一种哲学**——编写者在人生历练中习得的谨慎、自省、谦卑之思会洇渗在文案里，如是，在文案里口出狂言、自信满满、信誓旦旦实为大忌……世界丰饶，意义繁复辽远，“我”的理解或许不过是意义之林中的一己之见。

第二章 讨论

内容提要

- 内容提要是一本书的出生证明，
  也是它的使用说明书。
- 内容提要写坏很难，
  写好更难。
- 其难点不是字数受限，
  而是想法有限。
- 作为最重要的图书文案，
  内容提要很难决定销量，
  但有可能影响销量。
- 它是缩龙成寸的应用文，
  过度文学化容易跑偏。

Q：内容提要在书籍文案中处于一个怎样的位置?

A：处于最为重要的位置——不是之一是唯一。打比方说，假如文案是一家公司，内容提要不是CTO或CIO，而是CEO；假如文案是一个家庭，内容提要不是家庭教师或小时工，而是一家之长——它不是保洁员而是幼儿园园长，不是快递小哥而是淘宝店店主……一本书，无论畅销、常销，学术、大众，阳春白雪、下里巴人，一旦被放进卖场，上到货架，就变成了一件商品——没有比以标定产品价值为要义的内容介绍更重要的文本了。

Q：内容提要有无标准格式让初学者套用?

A：也有也没有，不确定。“有”是说，书店里那么多书，用心翻翻，你说的格式即可大致了解；“没有”是说，图书商品是非常个性化的一种文化产品，同为内容提要，款式、字数、排版位置大同小异，但其内在气质乃至含金量多半大不相同，即或你用“《红楼梦》上集”的内容提要去套“《红楼梦》下集”的内容提要，也是不妥。我理解，此问因由是，刚入行，不熟悉，希望了解一下图书文案的基本格式，从“套用”起步，也没错。建议是，有同疑者，可将“标准格式”换称为“基准格式”——一种基于行业惯性的文案基准要求，称谓的精准可避免被标准格式欺骗，入行后直接套写八股文案。图书文案编写的努力方向应该是有基准，无标准；有格式，无模板……不管在哪个行业编文案，好活儿的标准大概近似：有规矩，更有超越规矩的创新。

Q：编写内容提要要预先确定主旨吗?

A：需要。夸张地说，在职场各类应用文写作中，哪怕向部门经理递一份“电脑更换申请书”，都需心有主旨。你所说的主旨，我想应该是指一篇文字的核心意思，行文成篇，无非表情达意，主旨就是那个“意”，表情达意的“意”既是要义，也是目的，主旨明确，要言不烦，沟通才会富于建设性。看过一个有关医院门诊医生时间分配的数据调查，数据分析说，大城市三甲医院，一位医生门诊分配给每位患者的主诉时间平均只有 6 分钟——你能用 6 分钟的时间将自己的宿醉或腹泻说清楚？不一定哦，广义地讲，患者的那番“主诉”其实就是一则文案，我自己试过，全无训练，不打腹稿，6 分钟把自己的“不舒服”描述得一清二楚，不容易。

Q：内容提要的主旨是由哪些要素构成的?

A：内容提要主要包括三个方面：一是文本的主要价值，二是这一价值对于预设核心读者可能产生的意义，三是文本的商品特性。编写文案，能用简短文字将这三层意思说个八九不离十，内容简介就算基本合格。不过，上述三个方面并非所有内容提要文案的“规定选项”，而只是编写内容提要文案时可供参考的“自由选项”：文本的主要价值侧重文本的价值核心；对于读者可能的意义侧重文本价值所适配的读者群体；商品特性侧重图书作为文化商品的特点……它们所要回答的，有点像我们对一块豆腐的理解：豆腐所含铁、钙、镁等元素就好比“文本的主要价值”，它们对读者可能生成的滋补效应，就好比“意义”，而烹制出的家常豆腐、凉拌豆腐、麻婆豆腐，就好比“商品属性”……从这三个层面编写内容提要，或许可以兼顾作品、读者、市场等不同维度，既避免孤芳自赏，自说自话，也避免曲意迎合，全无态度。

Q：内容提要可以剧透吗？怎样把握这方面的尺度？

A：不是所有书籍内容提要都有所谓剧透之虑吧？不过，你的疑问触碰到好多虚构类图书文案编写的重点……你该不是正好手头在编辑一本悬疑小说吧？真那样，我得说，给悬疑小说写内容提要，确实不宜剧透，谁会展卷第一页第一行就对凶手是何人了如指掌？当然，为这类作品写文案，也不是非得把读者当探长波洛那样严防死守，其常见策略是拿捏精准地泄露局部信息，欲盖弥彰地释放情节信号，以廓清迷障的口吻营造迷障，以提示悬念的体贴制造悬念，借此激发读者对于故事情节的想象。这类挑逗修辞在图书文案成品里不是太多，而周末在电影院观赏那些耸人听闻的大片片花，反倒可能有所启发——它们常常超量使用挑逗修辞——哪怕不过是部小成本风花雪月，预告片也能把它剪成六月飞雪千古奇冤，有点烂，编写图书文案可抛弃其烂，借鉴其煞有介事的技巧，原则是：要挑逗，不要剧透。

Q：要在内容提要里特别强调文本的“专业”价值吗?

A：要，但要从读者的角度去强调，去选择——以读者的需求为中心。它包括两层意思，一是说每本书都有专业性——无论它是通俗还是学术，无论是给成年读者看还是儿童读者看，都有专有领域、专有主题辖下的专业性，能把这种专业性通过内容提要传播给读者，是文案编写者的职责；第二层意思是说，此类强调须通俗易懂，力避高深、高冷。既要专业，又要通俗，有点矛盾，化解办法是，编写文案时，不妨以读者视角换位思考：如果我是读者，这么写、这么说，能看懂吗？这么一想，文案就有可能写得贴合读者的需求，把“专业”通俗地传递给读者，贴近读者的焦虑、希冀或好奇。既专业，又通俗，必经修炼——编辑既不是学部委员，也不是普通读者，用足这个身份，编写出的文案会像桥，连通作品与读者。

Q：内容提要的编写以简代繁好还是详尽周到好？

A：越简单、越强烈越好。至于那些详尽周到的内容提要事实上也很难实现，长篇大论式的内容提要即或被强硬塞进了前勒口、后勒口，无“要”可“提”，读者还是云山雾罩，不得要领……既是“提要”，何须洋洋洒洒长篇大论？非将“提要”这样一种以通俗讲解为要义的文本往学术论文上努，说轻了，是对文体功用完全无感，说重了，是对读者接受习惯的无视……你以为那些随便逛逛、随性翻翻的读者会有耐心读完你博士论文般的提要？

Q：能在内容提要里勾兑商业动机吗？如何勾兑？

A：勾兑？当然需要，从图书商品属性看，出版社也是工厂，它需要通过生产、制造、销售等商业行为赋予一本本书以价值，并因此获取利润和生产资源，获取商业回报。出版社不是福利院，不仅内容提要，包括所有出版文案，同时也是商业文案，都应或隐或现显现商业动机的“倩影”，商业不邪恶，商业很美好。截至2015年，“哈利·波特”系列小说全球版本总销售量超过4.5亿本，它为出版机构和作者带来巨额利润，那耀眼商业成绩反证出这套畅销小说的文化魅力——它被改编为8部电影，被翻译成七十多种语言，伴随一代人长大，这种种合在一起，即所谓文化影响力：在创造巨大商业利润的同时，也给无数读者带来无可替代的审美享受。商业是金钱，是生意，同时也是文化传播……至于怎样勾兑，书不同，勾兑方法各异，简单讲，4个字：提示价值，其中最重要的是凸显"文本价值"，编写"内容提要"时，明确向读者传播文化价值，是对一个文化商品图书商业诉求的最好提示。更详细的解释可参照本书"原则篇"的"说服"一节，在我看来，文化传播是一种说服，商业诉求也是。

Q：编写内容提要有哪些忌讳?

A：忌讳还挺多，有大小，有轻重，不过，你说到的忌讳，应该不是错字连篇之类——忌讳低级版，而是那些指鹿为马式的大邪恶？我猜是。下列三忌，供参考：

一忌信息混乱。编写内容提要，信息噪音超标，会让读者无法通过内容提要快速把握主要信息。造成这种现象的原因很多，比如，编写者的理解偏差，比如，原作内容构架繁复，编写者领会失偏、把握失当，都可能造成信息表述混乱。信息混乱的另一种原因，是因为文案表述不当：或信息组织不当，或遣词造句粗疏——语文没达标。这话说出来有点伤人，但却是事实。语文教学的僵化、八股，加上编写者应用文训练缺乏，也会让内容提要这种常见应用文文案车祸遍野……你去书店随便翻翻看，让人过目难忘、瞬间惊艳的文案寥寥无几，惨不忍睹者却是随处可见。

二忌胡乱评价。编写内容提要，切忌随意添加无依据、不可靠、八股化的评价、评判、评论——它们不仅会误导读者，还会降低图书文本蕴含的丰富性、不确定性。此类失误，可能是因为编写者对出版物的特殊性缺乏理解：一只玻璃杯和一本书都是商品，但二者的商品属性差异较大，前者功用确定，后者不确定、不唯一、难于精确定义，同是莫言小说《透明的红萝卜》，对一位初涉文学阅读的读者而言，是惊喜，是困惑，是惊喜中的困惑，困惑中的惊喜，可对文学猎手乃至评论家而言，则可能瞭上一眼，即已嗅到一位作家的才华横溢……在内容提要文案中下笔评论需格外慎重。

三忌缺少细节。成稿后，就算内容提要写得详略得当，信息清晰，就算谨慎作评，成功躲避标签化陷阱，但语言空洞、描述陈旧，还不算及格。改进的办法很多，萃取重要细节即技巧之一——有了细节，文本独特性就不难呈现，风格的独特性就不难显现，就编写文案的实务操作而言，挤压空话套话的最佳方法，就是从文本中提取关键细节，相对空话套话而言，精妙独特的细节是干货，是替代空话套话的利器。

Q：能将自我情感、情绪融入内容提要吗？

A：可以，有时候，不是“可以”，而是“必须”。具体操作时，可留意三点：一是要有策略地“融”，比如，你恼火女友闹脾气使小性就别往里“融”了，因为它跟内容提要八竿子打不着，匿了吧；二是要有遮蔽地“融”，比如，你是某青年作家的粉丝兼责编，越是这种情况，编写内容提要越要将“重度粉丝”身份掩饰、遮蔽，否则，内容提要味道会有点怪——那种浮夸、骄矜、跋扈的口吻也许你自己不觉得什么，却可能让书的读者感觉失之公正：“该不会又是一个脑残粉的谬赞吧？”三是有约束地“融”，切忌洋洋洒洒下笔无度，不能把内容提要写成万言情书。

Q：怎样才能把内容提要写得又准确又生动?

A：这问题初看简单，再想，不大说得清，不全因为“既要、也要”这种均衡诉求，还因为你强调的所谓“准确”，是种主观感受，很难有精确的度量、评估标准——什么叫准确？怎么才生动？很难给出清晰的标准。既然如此，与其耿耿于怀于这种并无达诂的“生动”“准确”，不如在编写内容提要文案时，努力做到记叙清晰，表述明白，归纳简要，至于生动不生动，你说了不算，索性忽略。这样的好处是，不自制焦虑，不自设藩篱，聚精会神努力完成清晰、明白、精练的表达。

Q：内容提要一般写多少字合适?

A：宁少勿多吧，三四百字到头了。不过，以经验论，书和书不一样，有不同，有分别。比如，为那些著名作家、著名作品编写内容提要，可取简短精要一路，一是因为“著名”本身即知名度，而知名度则意味着影响大、传播广、受众多，因此，内容提要烦琐累赘，反倒淹没了那些最重要的信息；而为那些新作家、新作品编写内容提要，则不妨选取细密周到一路，在版面可能的前提下，周延详细最好，理由是，跟著名作家比，新人新作属陌生信息，精写细描,便于读者了解其人其书。演员刘晓庆当红时,给她写信不用写地址,只要在信皮儿上写“中国刘晓庆”5个字,她就能收到粉丝的千言万语。这“5字”牛皮是刘晓庆自己吹的,有点邪乎,但这邪乎里藏着传播规律,常言所谓“快马不用鞭催,响鼓不用重槌”,道理一样。

Q:不写内容提要真会影响一本书的销售?

A:会。它相当于推出一个产品,却拒绝附带产品说明书——你买了个电饭锅,可不知如何搞定“煮粥”、“煮饭”、“加热”或“保温”,你会兴高采烈?不会吧?图书产品不是熟能生巧的iPhone,不是简易常见食物土豆,而是个性差异大,内涵蕴藉广,背景、语境繁复的文化商品,放弃内容提要文案,等于放弃了宝贵的自我解释、自我广告……不合常理。

Q：怎样编写内容提要容易让读者产生共鸣?

A：不同的书有不同的读者，你说的“让读者产生共鸣”，是指让一本书预设的核心读者产生共鸣？严格讲，没有哪本书可以满足天下所有读者，很多编写者貌似都特别喜欢这句：“我们的书适合 9—99 岁读者阅读”，可这口号太一厢情愿，举国同读一本书的时代已不复存在，如是，只有当我们将共鸣设定为——真正厘清边界后的共鸣时，效应才会清晰有效。写内容提要当然是为了引发读者共鸣，可无论多么自信，相对于万千读者而言，“提要”的全部努力都只是一种假设——一种基于职业经验的预设——我们可将读者的共鸣分解为好奇、焦虑、满足三个层面:“好奇”是说，了解核心读者的兴奋点，有助于编写内容提要，它可避免无的放矢，让文案的要点与读者的兴奋点暗通款曲；“焦虑”是说，内容提要需尽可能去化解读者萦怀不去的焦虑——担心身体肥胖，自卑社交之窘？好，内容提要就先行提示“击溃脂肪 10 步骤”，半年后即去除脂肪“游泳圈”在池畔趴体时身材卓越傲视群“胖”，那位瘦身心切的读者也许就会掏钱买一册“焦虑缓冲剂”；“满足”是说，编写内容提要时，留意将作品的主要价值用预设读者秒懂的语言讲明白，说清楚，让他们看完内容提要，兴奋处有呼应，焦虑处有慰藉……这就是所谓共鸣吧。

Q：怎样给系列书籍编写内容提要？

A：所有书籍文案的编写并无一定之规，包括我写的这本小册子，都只是一点参考，或基于个人经验的一点提示，更直接、丰富的参照，是市面上那些优质的系列书文案，没事翻翻，看看，琢磨琢磨，即是学习借鉴。有关系列书文案，建议有二：一是不变——套系书的价值属性、文化属性、商业属性是个整体，无论是它的第一卷还是第五册，每个单本呈现的价值是一致的，所以，系列书文案的表述在这一点可不变；二是有变——对套系书中单本、单册或单卷而言，其内容构成各有分工和分述，这一特殊性在文案中也需表达和介绍。简言之，系列书文案的编写，注意掌控变与不变间的协调，做到横面轮廓清晰，点线脉络清楚，点面组合，让读者看得见云鬟的面，也看得清凤钗的点。

Q:编写内容提要时，如何化解自身认知障碍、情绪障碍?

A：“不熟悉”即认知障碍，“不喜欢”即情绪障碍。对编辑这个职业而言，这两种情况很寻常，它甚至是编辑一职的常态。破解办法有二：一是自救，二是求救。自救即自学——借助培训、阅读、讨论等方法，清扫自我知识盲区；求救即征询——向同行、同事求教，向作者、专家、行家讨教。比较而言，向作者讨教、询问、请教常见且便捷，编辑与作者的交流在整个编辑作业过程中最为频繁，多向作者讨教，多与作者探讨、交流，编者至少可成为半个专家，其自身的认知障碍也便迎刃而解。至于“不是我的菜”之类的情绪障碍，情况有点儿复杂，面对这种职业范围里的情绪困惑，很多讨论常以“不职业”粗鲁鄙视，可这种简单化的否定无助于破解障碍。对此，我建议，轻微的情绪不适一般会随着对所编图书内容认知的深化自动稀释，而那种浓稠的不适感则有点难办，实在忍无可忍，换岗或跳槽吧。

Q：怎样给主题分散的短文合集编写内容提要？

A：这问的定语好长，你的疑惑应该来自那种无主题或多主题散章合集类的图书？确实，给这类散章合集类的图书编写文案，有点棘手——要么顾此失彼，要么漫漶失焦，让文本愈发碎片化。可供参考的化解办法有三：一是在策划时段，重点讨论并确认成品主题，常用手段是，将这类图书的显性或隐性主题直接设定到书名上，这样的话，内容提要文案即可自书名（主题）切入；二是出版者在前期讨论中，对书名反复研判、斟酌，这个动作可帮助我们更好地理解一本书的中心价值，一本书常常很像组合家具，如果文案编写者自己都没搞清其内在构架、组合方式或内在肌理，硬着头皮编写内容提要，文案成品也就难免六神无主；三是断其一指，编写此类图书文案时，力避面面俱到，伤其十指不如断其一指，集中凸显其中最具代表性的主题。

Q：对行业背景不了解会对编写内容提要有影响吗？

A：有影响，但也影响不大，关键是，你自己如何规划或定义自己的职业目标，乃至你秉持怎样的职业态度。有的人入行大半辈子，时间不短，可敷衍成性，就未必对行业趋势、现状或优劣势真有了解——职场新人弱在业态把握和专业经验的积累，职场长者弱在审美疲劳和感知钝化，各有障碍或瓶颈，关键还是看个人的职业态度、职业追求，直到退休也从未写出及格文案的从业者大有人在吧。以此而论，职场新人无须自带压力藩篱，出版不是一个门槛奇高的行业，编写文案也不是诺奖陪跑，多多学习、实践，自会提升或改变。

Q：阅读量不大对编写内容提要有无影响？影响大小？

A：有影响，但也能改变。用拍照片打比方，一般的文案编写，好比用傻瓜相机拍照片，比较优秀的文案编写好比用微单或单反相机拍照片，傻瓜相机拍出来的照片只能算是凑合级别，而微单或单反相机拍出的照片则可能为读者提供更细腻、更有个性的图像……文案编写者阅读量小，阅读经验少，也可以编写文案，文案是小玩意，不必学富五车，可这只是低标准，像语文高考作文的三类文——没毛病，也没特色；而如果文案编写者阅读量大，阅读经验多，既杂且专，既博且精，编写文案时就多有借鉴参照，一桶水和一碗水的道理当过老师的人都懂，这比喻放在文案编写上，也适用。

Q：怎样在内容提要里将图书的学术价值、文化价值转化为普通读者理解的表达?

A：这问题有点大，简单讲，可分为三个层次:第一，是对产品学术价值、文化价值的评估和确认；第二，是对接收终端即读者的分析和了解；第三是对这种价值进行产品视角的转译、转述，以达到传播的目的——选择恰当的表达，将其学术价值、文化价值或美学价值经由恰当的、适合该书核心读者口味的语言，转译成案……这种翻译或转述已是一种重构，虽然复杂、烦琐，却很重要，一般包括研究文本、挖掘价值、确认价值、用户画像等一系列调研，唯其如此，转述才有标准，翻译才有对象。

作者简介

- 作者简介是作者最短的人生故事，
  通常会比内容提要还迷你。
- 内容提要的秘诀是缩龙成寸，
  作者简介的要义是画龙点睛。
- 作者简介的难点是既能写出作者的神奇故事，
  还顺带画出他的怪脾气。
- 把自尊叠好了塞抽屉里吧
  ——作者是文案的唯一主角。
- 无细节，无简介
  ——要挑肥拣瘦，还要挑三拣四。

Q：编作者简介能照搬度娘吗？

A：不能。没错，度娘可以是知识补足的一个参照，可编写作者简介，用度娘一度了之，太过敷衍。图书文案里，作者简介的编撰尤须认真严谨，虽不至于严肃到安检犬清场的地步，可它跟词典、词条编纂的郑重与谨严，非常接近。对读者来讲，编写者写下的有关作者的一字一句，都可能影响读者对作者的印象或判断……有年秋天，我接到个陌生电话，打电话的人一张嘴就一股子油泼面口音，聊好一会儿，我才明白，“油泼面”准备邀请我参加在紫竹院举办的陕西同乡会——事先，油泼面们搜过，上面说我祖籍陕西……这尴尬说明：1. 搜索引擎上的各类简介词条多有错讹，要么主体信息缺失，要么细节信息误植，直接照搬风险较大；2. 这些词条的编写者并非出版专业编辑，你家防暑降温费、住房公积金人家分文未取，因此，网络编者绝无担当贵社三审齐清定留错率达标的责任；3. 就算百科词条上开列的内容精度较高，也只能将其当作参照而不能照搬，我始终相信，那些未经省思、体会的作者简介是凉的，是机械罗列的信息，怎么能把一个没温度、没情感投入的作者故事献给读者？

Q：作者简介多少字合适？宁长勿短？宁短勿长？

A：宁短勿长。作者简介长短最重要的参照标准是版面大小——以常见32开算，可供刊载作者简介、内容提要位置多半也就一张名片大小，这意味着，版面资源富裕，你尽可以任性地写出一则1000字的“作者简介”，但问题是，以消费者而言，谁会在书店或网店保持耐心读完冗长的作者简介？作者简介乃至所有图书文案，都该惜墨如金——编写者既要对作者方方面面的信息了然于心，又要对图书生态的瞬息万变观察有加，还要文字功底深厚表述精准，不容易。

Q：作者简介应侧重作者功名事业还是生活行止？

A：要视具体情况而定吧——俗话说，看人下菜碟，这话挺鸡贼，可在编写作者简介文案时，还真得看清楚作者是谁，再下菜碟——它无非是强调不同的书、不同的作者个性差异很大，你所谓“侧重”，无非强调了不同作者完全不同的人生故事。严格讲，无论哪种文案，均需有所侧重。纵观市面上成千上万鸡汤类、成功类图书，作者简介多侧重作者功名事业，哪怕那功名其实是他媳妇的，那事业是他家老爷子的；

可诸如园艺类、旅行类、生活方式类的图书，其作者简介文案多侧重作者生活行止、生活态度、生活主张，这些文案惯性跟靠山吃山、靠水吃水的道理近似——鸡汤励志书当然要凸显功名心、成功欲，养生养心书当然趋向生活态度、生活主张……不过，我也有点吃不准，比如，真就有一本超级畅销的成功学传记被你拿到，该书作者拿手菜是宫保鸡丁的细节被你写进作者简介，反而让那本超级畅销书文案别开生面？也说不定。

Q：作者简介要特别强调作者性别吗？

A：问题有点儿怪，写文案又不是写如厕指南，卖书也不是卖伯爵腕表维密文胸，为什么要强调作者性别？

Q：在文案里如何将作者丰富多彩的经历化繁为简？

A：这问题多半是针对著名作者而言吧，一个写作新手刚刚出发，怕也无须化繁为简。多年前，我曾收到过一张印象深刻的名片，数了数，那张名片上开列的头衔一共 27 个，真是非常、非常地“著名”。我想说，你问题中的化繁为简，确实是个难题，化解的思路是，编写作者简介时，尽量找到与图书相关的“点”将其融进作者简介文案即可，那些枝枝蔓蔓的经历、故事乃至传奇或隐或匿吧。举例讲，如果新书是作者的一部最新短篇小说集，将作者与这一要点有关的丰功伟绩择要记叙即可；如果新书是作者最新学术论著，将作者此前所获各种学术荣誉排比开列即可……记住，著名作者、著名作家的核心读者也会对偶像分别对待，除个别死忠粉，大部分读者分得清小说新作、学术大作，化繁为简，也要“简”得有中心、有要点。

Q：在文案里如何让作者的平淡经历看上去不至于过于平庸?

A：挖掘作者经历的独特性是化解此惑的关键——作者也是人，你所说的平淡，应该是指普通人的平淡。而所谓独特，则一定是它在作者、作品视角中的独特：一个很特别的细节，一个很魅惑的燃点，一个神异的故事……当把它们编融到文案里后，一马平川的简介也许就会稍许有棱角，有个性？也许吧。世界上连两片相同的树叶都没有，怎么会有两位相同的作者？平庸文案，常常源于缺乏发现、挖掘，有的作者个性外在、鲜明，有的作者个性内在、沉潜，责编的责任是走近作者，挖掘他的故事，将其与作品相关的部分提纯，放在文案里，推荐给读者。

Q：如何将作者简介写得既梦幻四溢又富于情怀？

A：这问题本身就够梦幻，我想，抱着梦幻、情怀之类的诉求编写作者简介，十之八九会落空。情怀是啥？一种接受氛围？一种主观愿景？一种传播—接收互动预期？一种非人工合成不易控制化学反应？貌似全是，又貌似全非，关键是，所谓情怀，本是种不能由编写者或接受者主观期许、制造、控制或强调即可实现的效果……经验告诉我们，总用实诚自诩的那类人，常常最不实诚，情怀、梦幻之类也如此——与其纠结于一种无法控制的状况，不如老老实实把作者简介扎扎实实写好，梦幻或情怀是接受者的感受，你说了不算。

Q：写作者简介能有话直说吗？要为作者护短吗？

A：跟你女朋友谈恋爱你会事无巨细有话直说？作者当然有短板、不足乃至硬伤，编写作者简介，当然要护短。名编辑黄昱宁曾说过："伟大的编辑是一个执迷不悔的股民，永远相信心目中的天才'是一笔安全的投资而非冒险'。"……黄昱宁的话里尊敬很酽、善意很浓，也饱含一种内敛的自信。我想，你提到的护短，应该就是藏拙吧？如是，在文案里向读者展现作者澎湃的才华，足矣，它是一位编辑的职责——这样的护短是爱——爱作者，爱作品。

Q：作者简介文案一定要附加作者照片吗？

A：对，一定要，除非作者有特殊提示，或出版社另有创意安排。八卦地讲，假使写女权论文集的那位大姐是个美女、写碎尸悬疑畅销书的那位小哥是个暖男，一张小小的作者照，会让迷妹迷弟雀跃尖叫，甚而让加印提前？也不是没可能。在庸俗社会学定义域中，这些甚至会成为日后书籍营销的话题……认定简介＋照片属作者简介的标配，并非屈从颜值暴力，我的判断是，作者照片本身是作者简介的一部分——是一种图像化的简介：作者的白发里不储藏岁月？作者的笑容里不透露风度？再者，从传播角度看，作者简介附带作者照本身，也是对作者的尊重，它是一个作者与读者如面谈般的沟通。很多年前，翻阅小说《过于喧嚣的孤独》，赫拉巴尔先生的照片先就给我留下如大号木刻刀猛砸愣凿的深刻印象，待读完，那最初的“猛砸愣凿”被书中奇诡浪漫的故事逐一回填、丰富、放大……大部分读者与自己喜欢的作者、作家此生无缘一见，而被你选定、印在后勒口上那张邮票大小的作者照片，成为唯一的聊补于无的小温暖，何乐不为？美好再小，也美好。

Q：要给作者简介里的作者照片美图秀秀吗？

A：如果是从装帧设计的角度去修改作者照片，没问题。就出版物的设计惯性看，对由作者授权提供的照片做基于设计层面的修润或美化，本身即美术编辑的基本工作，这样看，你疑问中的美图秀秀几个字，意思也对，只是表述脑洞有点大……你把作者照片修正、修饰、调整这原本很常规的程序用那四个字一说，瞬间打开另一个联想空间：是要大眼还是瘦脸还是磨皮？歧义丛生了。

Q：需要在作者简介里全面评价作者的写作风格吗？

A：不需要。首先，无论哪种开本的图书产品，用于刊载作者简介的版面位置都有限；其次，作为实用文案的一种，作者简介不是学术论文，不是投资评估报告，编者有能力对作者做全面评价固然不坏，却无须将它们完全呈现在作者简介文案里；再者，全面评价这种说法本身也有点可疑，什么叫“全面”？刻薄地讲，你以为写文案是在写悼词？非要全面、深刻、盖棺论定？我想，就算那则史上最完备的悼词，它也未必很全面吧？

Q：所编图书不是自己的菜，写作者简介如何避免个人好恶？

A：这个问题有意思——我猜，它也是很多新手编辑多半都会生发的疑问：尽管“完全不是本人的菜”，可还是得起五更睡半夜才下QQ又上朋友圈地编啊，编啊……若为职场老手，多半从容淡定许多，至少他们会视之为常态，夸张地说，就算让他们同时上手散文、学术、凶杀、纯情、励志……各式各样的文稿，亦无大碍。职场新人需明白，上午编朵朵葵花向太阳，下午校最美不过夕阳红，在出版业确实常见，尤其对那些综合编辑而言，确实会遭遇各种类型的文本、内容或体裁，它们怎么可能都是你的菜？而编辑的职业态度体现在，是自己的菜，编得神采焕发，不是自己的菜，也编得一丝不苟。与职业态度比，过多强调个人好恶，本身即幼稚——可以理解，但也要不断改变、提升，在机会和运气的多重宠幸下，当你编的是你的菜的那本书一时间名噪一方后，多半会有更多是你的菜的菜从四面八方向你飞来。说到成为小品明星，宋丹丹曾说："我只不过演好了一个茄子，完全没想到，天下的紫色都来找我了。"编辑和书，或也如此。

Q：作者简介跟生平简历是一回事吗？区别是什么？

A：不是一回事。没人要在一本图书的文案里读作者生平——二者最主要的区别是诉求之别：生平要丰富完整，简介要简明扼要；生平的诉求是一生，简介的诉求是重点；生平要跌宕多姿，简介要高光时刻……简单讲，作者简介算是"作者生平简介"之写作主题的特别版——特别针对你所编的那本小书的一个侧重版的"生平"。

Q：能把作者的八卦、传闻编到作者简介里吗?

A：可以，但也不好一概而论，非写不可，得精挑细选吧。重点是，如何定义八卦、传闻。在现代传播语境中，八卦已是大热、恒热之词，但其内涵却含混模糊，边界或大或小，纠缠交叉，难于厘清，更难精准定义，与八卦概念比邻，有掌故、传闻、逸事、美谈、谣传、野史等一个庞大的近义词群。如果对这些丰富细腻的词间区隔视而不见，一股脑将它们扔进八卦这个粗简概念的锅里一勺烩，不仅浪费了语文细节的丰富性，文字区隔的精细之美也基本折损殆尽。我的建议是，在汉语文粗鄙之风盛行语境中，要有雅致，要有精准，换言之，雅致的八卦趋近掌故，有腔调的八卦比邻传说，把它们写进作者简介，会让文案富于传说之奇，掌故之魅。

Q：怎样把作者简介写得灵动流光，神采奕奕？

A：“灵动流光，神采奕奕”是指那种风格化作者简介？对此，我的建议是，不是可不可以，要看合适不合适——无论是新编还是老编，希望编写的文案“灵动流光，神采奕奕”虽不算完全离谱的期许，可这种表述本身却有点含混，它是个几无标准的形容，很难成为一则文案的评判标准。衡量一则图书文案可用准确、清晰、得体三条去衡量，而是否灵动流光，神采奕奕，完全不重要。一则文案信息准确、传播清晰，可如果行文不得体，再流动，再奕奕，也不过买椟还珠……你把文案写得流光万丈，就算送评诺奖，也没戏。

Q：作者简介里常见有关作者居处、孩子、狗或猫之类的记述……这种格式化细节有必要吗？

A：这种文案模式多见于引进版书籍，看得多了，从业者确实容易审美疲劳。不过，换个角度想，一种文本套路，一个高度格式化的文本样式一用再用，怕也有其内在道理？我的推测是，这种“孩子＋宠物”作者简介文本模式的构建，多半跟其家庭观念相关。有关核心家庭，研究者常提及性、生育、教育、生活四大范畴，而图书，可归入家庭观念中比较重视的文化教育范畴，以此为轴，核心家庭在社会进步、文化濡化方面，可发挥不可替代的影响力。如是，为引进版图书编写作者简介，“孩子与狗”之类大可照本宣科，有文照录——那位作家住某地、几个孩子、几条狗、几只猫，虽难免千篇一律，可它却从生活细节的角度提示出作者的社会层级：温饱，稳定，受过较好教育，呈现隐形价值符号，并无不妥。当然，如对如此刻板不能容忍，不妨在编写此类文案前联络作者或版权代理人，补足添加另外的细节——夫妻各自星座啊，血型啊，宠物猫狗的昵称啊，这类个性化细节也许可让刻板略添新意，为套路增添加小趣味。

Q：外国某作家成名后一边吃自己的名气，一边花天酒地，编写作者简介时这些花絮如何处理？

A：要看这些经历跟作品有无直接关系，没关联，建议省略。对　本图书而言，作者简介为必选项，可它既非悼文，亦非回忆录，既非贴金软文，亦非人品保证书，其核心内容，是介绍作者人生经历中与其作品相关的那部分履历、行止，将作者太多细枝末节一股脑塞进作者简介，不必要，也没位置摆放……花天酒地？省了吧。

Q：当作者是个特别坏特别无耻的人时，作者简介该如何处理？假使作者混蛋透顶，作者简介是否应有所回避？如何回避？

A：这情况如已发生，而你偏巧是该书的责编，请允许我深表同情——鞋坑里呛了水，你还真“走运”……不过，假如担任责编这事已无法更改，那你的工作反倒简单：尽职做好一个责任编辑——在可控范围内，把书编好即可。说到底，作者本人的德行、操守之类并不在你的可控范围内，你只要在文案中按部就班履职即可，而对有关作者的传闻、故事或八卦保持缄默。某些时候，缄默也是职业品德，世界之大，无奇不有，我们不知道、不理解、无法掌控的人、事、物数不胜数，延时表态，延缓评价，是得体的处世策略，这种审慎操作也是对当事人的尊重。

Q：除年龄、身份、简历、获奖等荣誉履历外，作者简介中还有哪些要素可以补足或最好添加?

A：这个很难规定划一，诸如内容简介、作者简介这类基础文案，创新不易，所谓必须添加的说法，其实不存在吧，建议是，编写作者简介时，可考虑以下三个方面，它们也许可帮助文案编写写出点新意？可试。

一是精选主次成绩。这一部分包括你所说“罗列年龄、身份、奖项、过往作品”等。不过，我感觉，你选用罗列一词，能看到你对作者介绍八股文的厌倦，也能看到你的突围之愿。不幸的是，再乏味，再八股，作者简介还是要把作家成绩作为文案核心，当然，最好不是罗列，而是精挑细选，有所取舍：取个性而舍平庸，取大奖而舍小奖，取鲜为人知舍广为人知……这样，就算罗列，也会“罗”得不太难看，“列”得略有新意。取舍的自由度，来源于你的信息占有量——关于作者，你是否有料？没料，取舍无自由，要做一盘西红柿炒鸡蛋，家常菜吧，简单吧，可你冰箱里就一根葱，那就没得选，只好来盘葱蘸酱。

二是梳理作者族群。意思是，既要对诸如作家、诗人、自由职业者、艺术家等族群有基本概念，还要对作家的代际状况、风格类别等略有知晓，这样，编写作者简介，就不会只是罗列，也不至于将作者简介写成了工作履历——任何一个作家都不会绝对孤绝——哪怕他性格再孤僻作品再独特，也不会真就是一座孤岛。

三是借鉴时文时髦。意思是，平时对时文、时尚的一些修辞法和表述法多加留意，也许，它们的新意或创意，可借用于作者简介文案？有可能。一般讲，图书文案中的作者简介多选择第三人称，但现在很多年轻人，或许更喜欢第一人称？标准作者简介多以写作经历作为文案的叙述主体，但如果简介中顺带提起作者的业余爱好，反更便于读者了解作者写作生活的丰富多彩？也有可能。

Q：为外国作者编写作者简介需特别强调其特殊文化背景吗?

A：也要视具体情况而定，要看一部作品的具体内容是什么。那本《追风筝的人》这么多年一直卖得蛮好的，小说带有浓郁的族群文化背景，故事张力很强，可有关这本小说，在该书文案乃至连篇累牍的各种介绍文字中，并未对此有更多论述或介绍，众多推介、评价文字只是将该书最为醒目的那个价值暗喻——人性与层级——特别强调而已，这里的启发一是族群文化比较复杂，想三言两语在文案里说得清清爽爽，比较难；二是这本小说不是文化类的非虚构作品，而是一部虚构类小说，其核心价值并未落脚于宗教文化或族群文化，小说的核心诉求是故事，人物，情感，族群文化、宗教文化不在其重点探究范围内，特殊文化背景或宗教文化特色在小说中仅仅作为背景，如此，作者简介无须将其设定为文案主题。

综合文案

- 内容提要、作者简介外，
  印在封面、封底和非正文部分的
  相关文字可归入综合文案。
- 综合文案本身有碎片属性，
  是一种解释性、说明性文字，
  需视图书特点确认是否需要。
- 碎片化的综合文案尤忌婆婆妈妈，
  尤忌全无设计，想到哪儿写到哪儿。
- 把小情绪藏在心里吧，
  你编的不是你喜欢而是读者喜欢的。
- 综合文案像一幢大厦的空调调度室，
  别在小咖啡屋待太久。

Q：广告法要求广告文案里不得出现"最"，用什么代替效果也很NB？

A：其实就算没有广告法的这项规定，编写文案动不动"第一"，动不动就"最"，挺没劲。"最"即无双，无与伦比，无可比拟，无法超越，你觉得你责编的那本书真这样？再有，不能因为业内同行一直在那儿"最"来"最"去，你就顺从惯性，随波逐流。其实，写完那些个"最"，你也挺心虚的吧，一虚，就在句尾补了个"之一"？多半如此。这样一来，既"最"，又"之一"，自己跟自己掐起来了，都"最"了，怎么又"之一"？既为"之一"，何"最"之有？作为责编，希望自己编写的图书文案显得NB，不算非分之想，但会有更巧妙、聪明的办法，我建议从以下三个方向另辟蹊径：

1. 直给精彩细节——如果能找到，那就最好，出自书中的精彩细节比"最"乃至任何形容词都更具吸引力、杀伤力。有一次，好友说，《唐顿庄园》里的"大表哥"马修扮演者史蒂文斯也是布克奖新晋评委，这个细节不仅让我对这位原本印象模糊的艺人肃然起敬，看布克奖也有了新角度——原来他们也在与时俱进，也在补充新鲜血液……细节的奇妙在于，它天然免疫空泛、空洞，它比"最"更实在；

2. 直给专业评价——其中的道理跟直给细节意思相近——图书产品的出版是精挑细选的结果，从专业角度评价替代老套、烂俗形容词，方才可靠。在莫言小说集的文案里直接引用诺奖颁奖词里的评价，会比任何形容词都令接受者信服。坦率说，专家评价、专业评语并非百分之百靠谱，可总体而言，那些富于洞见的专业评价，路人甲、路人乙之类的闲言碎语无法比拟，用专业评价与读者交流，远比那些大而无当的“最”可靠；

3. 直给性格故事——曾听一位朋友介绍，美国新生代作家乔纳森·萨福兰·福厄出版自己的一部新书时成功说服出版社，让出版方为自己的新书同时推出10种颜色的封面，新书上市，五颜六色10种封面的同一本小说齐刷刷铺进店铺，读者可根据自己的喜好随便挑选封面颜色，在同代作家中，据说唯此一人这般任性，这般幸运……假如在综合文案中把这个任性的故事巧妙地讲给读者，文案里半个“最”不写，NB效果照样鲜明夺目，读者会想，牛啥啊？凭啥啊？得看看……它甚至引发炸裂式超常规传播？也说不定。

Q：如果给文案要素按重要程度排序，前三位是哪几个?

A：不分类别、内容、适读对象、图书文本特点等因素，笼统讨论文案编写要素前三，不科学啊，硬要说，可是准确、简单、有趣这三点吧……当然，这个不分类要素排序，也是姑且一说吧，它离一个可操作、有针对性的编写实务相差得很远，仅供参考。依我之见，尽管不同类别的图书其文案编写侧重点不同，但“准确”、“简单”和“有趣”大致可适用所有图书文案——当然，它们各有各的准确，各有各的简单，各有各的有趣。

Q：你见过的图书文案中印象很深的是哪篇？让我参考参考?

A：印象较深的是《最初的爱情最后的仪式》那本书的腰封，那本小说原版出版于1975年，是英国作家麦克尤恩的小说处女作，作者因这部小说声名鹊起，第二年，麦克尤恩荣获毛姆奖，此后，他不仅佳作不断，各种奖项也纷至沓来，随后，麦克尤恩也被媒体看成是诺贝尔文学奖的热门候选者……上述种种，都被文案编写者要言不烦地写进了该书中文版的腰封文案：“其人——布克诸奖盈囊，诺奖亦已在望，精妙文笔与奇崛文思乃当世无双；其书——冷谑外壳，内暖深藏，文坛黑色魔法师绝艳才情写尽青春张皇”……此则腰封文案知人论著，古意盎然，简要其表，丰赡其里，从文案那打磨得自然熨帖、朗朗上口的韵脚里，你甚至能感受到编写者对作家的敬仰、理解、崇拜……在图书行当里，如此精简兼顾深情的腰封文案不多。

Q：哪种类型的文案曾让你感动流泪？举个例子？

A：感动？流泪？给我挖坑？你确定非以流泪作为文案优劣的衡量标准？那除了“呵呵”，我只能说，有这种想法，要么是鸡汤喝多了，要么是《感动中国》看多了……深表同情。也许，将“感动”这种表述换成“会心”，会比较接近文案这种说明、实用文本的实操状况——文案是交流，是介绍，是说服，它试图完成的，是一种有所回馈的交流，完美的回馈多半不过是读者会心一笑式的知会，而不是涕泗滂沱的什么感动，一座交流小“桥”（文案）就让人潸然泪下，你让文本（作品）那更为壮观的静溪湍流情何以堪？编写图书文案的要务一是介绍书籍内容和价值，二是为读者度量思忖、选择购买提供参考，三是与读者在对图书个性 + 价值的双重确认的前提下完成一种精神交流……作者有可能跟读者面对面交流，可哪有文案作者跟读者见面的？编辑这个行当沉默在幕后，得体的文案需满足三个要件：1. 精准的内容概括，2. 得体的价值提示，3. 合理的商业期许……图书文案的本质是产品说明书，就文案编写而言，“泪流满面”是“不正当期待”，有点荒谬。

Q：你看过最奇葩的文案是什么？拿出来让大家笑一笑呗？

A：2009 年，学者理查德·泰勒跟作家卡斯·桑斯坦合著的《助推》一书引进出版，这本书的腰封文案用力凶猛张狂，它将“中外名人推荐”“外国顶尖媒体推荐”等各种腰封惯用模板合并齐推，一股脑塞进腰封，气势汹汹，其中最奇葩的是这句：“奥巴马政府正在运用本书见解推进美国社会改革（小字，引语）美国总统奥巴马的枕边书（大字，核心广告语）”——从视觉上看，它的主推广告语当是编者最看中的，否则，怎么会选择仅次于书名的字号？好大好大的字啊！但偏就是这句“枕边书”，接受效果尴尬，荒唐——这个或许为真的细节，反而尤显虚假——读者或许会想，总统的枕边书关我屁事？

与文案编写者的初衷相比，实际接受心理是事与愿违，对普通中国读者而言，枕边书细节无从证实，无从证伪，随便你吹呗，无所谓；再者，它与该书副题“我们如何做出最佳选择”的日常化、凡俗化以及它将心理学融入经济学的跨界研究特色几无关联……在中国，“总统枕边书”容易让人联想到那些用跟国家领导人合照行骗的江湖郎中，既奇葩，也尴尬……既然无法阻止荒唐联想，那索性实实在在。

Q：近年你看过的最刺激、最狠毒的文案是哪本书的？

A：作家恰克·帕拉尼克的小说《肠子》中文版出版得比较晚，大概是在2011年，此前，作者的《搏击俱乐部》出版过，读者很喜欢。这部书的延后出版，跟它的重口味多少有关，好玩的是，该书腰封文案堪称重口味文案，狠毒刺激兼具——腰封A面：“台译名为《恶搞研习营》 一部让你肠子打结胫骨错位魂飞魄散的小说 《搏击俱乐部》作者恰克·帕拉尼克 美国最受粉丝追捧的邪典小说家 有73人在作者读《肠子》的时候晕倒 晕倒人数还在持续增加中”；——腰封B面：“《搏击俱乐部》作者恰克·帕拉尼克最黑暗最天才最虐心的神作 读者在阅读后 不是火到想找作者单挑就

是发出凄厉的惨叫　或是整个人狂笑到不行　更有人虚脱到无法出声”……这腰封文案确实刺激，从腰封A、B面文案里，读者能感受到编写者调动记叙、描写、渲染等各种修辞，完成了对读者视觉、听觉、触觉、味觉的全面轰炸；它确实狠毒，你能体会到作者用一种以其人之道还治其人之身的修辞法，将邪典小说黑暗、诡异、另类、狂热编织成文字电流，击打读者的好奇心。

Q：曾有让你引以为耻的文案吗？是哪本书的，有多无耻？

A：真敢甩词儿——无耻——口气好重！至少到目前为止，我修改、阅览、研习过的文案，尚无此类。作为概念，“无耻”大致是在描述一种主观感受，边界含混，评判图书文案优劣，区区小事，你的提法过于隆重——我更愿意从技术层面——修辞层面去考察一个文案的水准。常言说得好，文无第一，武无第二，文字上的好、一般般、不够好或很糟糕，多为一孔之见，着眼点不同，评判结果南辕北辙，弹性较大。而所谓专业性，也不过是从操作者视角出发，给个判断，仍旧是主观的，当然，它已是很克制的主观。至于你说的“无耻”，则属于基本无解的超主观印象，而当这种推测并无对应实例举证时，我们这里的讨论就成为伪讨论……或者，你说的“无耻”不过是对烂文案的一种极端说法？

Q：为迎合读者口味，编写书籍文案刻意曲解作品是否合适？

A：不合适，为了迎合读者阅读趣味而刻意在文案中歪曲表述作品内容或价值，不仅错，还是大错特错——不妥、不当、不正确，算行业大忌。从业者的默认常识是，作者、读者比编者、出版者更聪明，虽然很多时候作者、读者貌似弱势，沉默一隅，几不现身，可在漫长时间序列里，他们的智慧远在出版者之上——作者拥有创造的智慧，读者拥有甄别、选择的智慧，要点小聪明、为销售业绩而歪曲文本内容乃至价值，你以为人家看不出来？

Q：如何把握文案的度？如何避免在文案里展览廉价感动、浮夸煽情……令读者反感？

A：你喝了多少年鸡汤啊，对“感动”这么敏感？……当然，我理解，历经数十年无意或刻意的鸡汤文化沐浴，很多接受者都有点儿鸡汤过敏，可恰恰因此，很多接受者也会“感动”自动报警，这么一想，你提到的“避免煽情令读者反感”的意思也许是——作品中确有感人肺腑处，可在文案中如何表述才不令读者尴尬、反胃？有关这个，有三个小建议：

1. **多用细节少用概念**。概念是抽象的，细节之树常青。文案里反复强调一个人多么聪明、聪慧，形容词用得再多，都还是概念，抽象，笼统，读者无从感知或把握，与其这样，不如用细节去表现聪明，用细节去展示聪慧——概念太苍白了。

2. **抒情有度力避滥情**。就算要转述书中感人情节，语势、腔调也应克制，宁缺毋滥，千万别像疯狂英语似的扯着嗓子呼天抢地，抵死抒情……奥妙在于，当你以克制而非失控的腔调去转述时，接受者反容易进入你的叙事（而非你的情绪），所谓感动，最终是接受者自身的怦然心动而非你一人呼天喊地。

3. **多用逗号少用惊叹号**。意思有二：一是因为惊叹号无用——文案是你写的，大量使用惊叹号，表达的，不过是你自己的主观情绪，它跟读者是否产生共鸣、产生多大的共鸣无关，如果惊叹号可自动获取震撼或感动，那我们把文案全用超粗黑惊叹号排出来不就万事大吉？显然不是这样，如是，惊叹号少用为佳；二是作为替代，惊叹后的标点用逗号就好了，娓娓道来、宁收勿放、心平气和的逗号，也许更容易在接受者内心生成一个类似惊叹号的效果。

Q：为系列图书编写文案如何避免呆板或趋同？

A：好问题。为系列图书编写文案，撰写者与阅读者都极易疲劳——编写者会因“差不多”疲劳，接受者亦如是——这种信息传播链条中的接受疲劳，会使这类书籍文案的编写最后演变为复制—粘贴、复制—粘贴、复制—粘贴，那么，所得文案，也只能成为千篇一律的刻板文案，形如鸡肋。客观讲，为多卷本、同主题、分卷分册类系列图书编写文案确实不易出彩，破解的办法可参照下述三点：

1. 系列简介文案仅需凸显系列图书的主体内容和中心价值，针对该系列图书的目标读者，将图书主体内容和关键价值简要陈述即可，不必面面俱到，切忌碎嘴唠叨——那种事无巨细、主次不分地倾诉衷肠式絮叨读者反而不得要领。

2. 系列简介可简分为两种：一种是只介绍系列内容，不介绍单本（册，卷）内容；另一种是兼顾系列和单本（册，卷）。如有可能，建议选择第二种——兼顾系列和单本的系列简介格式，好处是，它更容易体现读者本位的文案编写原则——系列图书好像新问世的楼盘，只推荐楼盘不介绍户型？不合适吧；再者，传播要义中，精准、精细是根本，为此，系列简介文案的编写应将不同的系列类别细致区隔：比如说，对编年体类的系列来说，时间节点常就是分册逻辑；又比如，须整套贩售的系列与可以拆零出售的从组合上就多有不同，对这些产品差异的介绍，对读者了解系列特点都有帮助。相比单本书文案而言，系列简介文案有点像个文案小工程，兼顾、照应、呼应、变异，都要细心打点，目的是帮助读者了解系列特点，把握单本特色。

3. 内容细节是编写这类文案时需特别用心之处，而那些高亢嘹亮的评价，入案时尤需谨慎——从接受美学上讲，人与人之间在审美上的差异最大，将那些主观而热烈的风格化评价全无斟酌放进文案，反让读者不适，文案是“商品说明书”，过多审美判断，不仅王婆卖瓜，还容易误导读者，不如老老实实介绍，本本分分提示细节。

Q：一部非常好的作品初版未获积极性评价，重印或改版重出时如何通过调整文案令其价值重现？

A：这种情况很常见，但重印或改版时，若书名照旧、分类照旧，仅靠文案重现价值，比较难。当然，调整是可以的，重新发现价值也有必要，因为重印而逆袭翻红，在出版界也有个案，不过，在大多数情况下，挽回或逆袭，多半是综合结果，而非文案一“击”致胜。小说《围城》当年成为现象级畅销书，就很难把赫赫业绩归功于文案，其畅销的主要推力，应归功于同名电视剧……在这种综合推动里，文案只是个七品芝麻官，无须高估其作用。文案当然也要尽职尽责，下面是重修文案时可供参考的三个角度：

1. 修正原有评价视角。假设旧版是一部长篇小说，原有文案的评价视角选择的是文学视角，那么在新版文案中，可考虑换成社会学视角？依经验论，当一部虚构类作品的评价角度选择非文学的社会学视角时，有可能引发更大范围读者的注意力，而文学层面的评价或讨论通常相对小众。

2. 修正原有市场分类。市场分类是指一部出版物在实际阅读过程中的分类，而不是指人大法、中图法，它是阅读市场流行的分类，或是一家销售终端（比如某个书店业务定位）自行拟定的、依据市场经验总结出来的分类法则……旧书翻新重版，若决定改变原有分类，就意味着要重新调整原书目标读者，比如，将财经类读者群更换成人物传记读者群，将八卦爱好读者群换成影视艺术读者群，这就好比老夫我卖的还是这碗凉粉，但此前在街边摊反响一般，现在我换到旗舰店凉菜自助区再试试，没准供不应求？也有可能。而当市场分类从“街边”换成“旗舰店”后，文案信息组合、修辞方式即需做出相应调整。

3. 修正原有期待描述。所谓期待描述，是指文案编写者在文案中直陈或暗示的读者，或是呼喊同好，或是暗示相似……旧书改版重印时，文案里的这一部分应有对应修正——也许，原有的期待过于虚幻？那这次就修得实在点；也许，原有的期待过于功利？那这次就修得情怀点。都是办法。

Q：如何为一本自己完全没兴趣的书编写文案?

A：这的确是很多编辑常有的困惑，坦率说，此类困惑无法避免，原因是，出版机构不是只出编辑喜欢的书，它们年复一年出版的，是读者喜欢的书……遇见这种情况，老总一般会说，你要有职业态度啊，你要有职业精神啊，你要把自己训练得什么书都能编、都会编——老总的话没错，可在具体操作过程中将所谓职业态度变成实务操作，需要不断自我训练，自我提升：如何用职业精神将个人好恶与职务操练间的落差调至最低？如何将一本对你而言好奇零、温度负、好感无的图书编得至少及格？以下三个建议供你参考：

1. **求助专业人士**。领受编辑任务后，根据图书的类别、内容和特点，向相关专业人士求助是最为便捷的一种方法。请教的内容既包括内容评估，也包括质量评估，在请教过程中，尤其需向专家、学者请教有关图书价值的意见、评价，这样，尽管你对所编书完全无感，但他们的意见会使你的实操基本及格。

2. **求助周边人士**。意思是，根据所编图书内容或主题，向那些有可能对该书题材、体裁、内容有兴趣，有研究，有建议的人士请教求助——他们可能是你的同事、友人，也可能是你同事的朋友、朋友的朋友，让他们帮忙看看、翻翻，给点建议或评价……他们或许不是大名鼎鼎的专家、学者，他们的意见也未必一定周到、完备，但因为熟悉、喜欢，其价值判断或审美经验或可帮你找到与该书读者契合的言说点——你的文案编写起来就多了一些思路。

3. 求助意见人士。所谓意见人士倒不一定非是所谓意见领袖，只要是那些善于发现问题、提出意见的人，均可列入求助名单——那些善于发现短板、极具复盘能量的人士，常常会对一部书稿的不足、缺陷给出纠偏建议，这些不仅可以帮助你在编辑过程中警觉书稿文本的短板，有针对性地予以修正、提升，还可降低因无情感而对书稿短板视而不见、失察失明的风险。

上述思路其实殊途同归，简要讲，即求助外脑。需特别留意的是，所谓外脑，也有不同层面，有的是批评型外脑，有的是热爱即粉丝型外脑，有的是专业评价层面的外脑……对以杂家著称的编辑而言，借助外脑是编辑生存、工作常态——跟你所谓不懂、不喜欢的情绪也是常态一样，自己不懂，就去找懂的人请教；自己不喜欢，就去找喜欢的人来培训、来感染或焐热你，这大概才是所谓职业态度的真谛。

Q：有没有一句文案，你觉得最适合这本书，哪怕所有人反对也非用不可？

A：没有。从业多年，从一开始我就明白，文案写作并非自由写作，我们编写的文案，无论学术类还是文学类，无论高冷还是通俗，都不过是一种基于职业要求编纂文本而非个人写作文本，其成品，常常是综合、妥协、均衡后的产物，别的不说，成品文案至少作者得点头吧？至少审校得过审吧？至少发行部发行员或合作电商的选品经理得大致满意吧？如是，所谓文案，天然带有合谋属性：出版者与作者合谋，出版者与发行者合谋，出版者与目标读者合谋……2004年，出版人范用先生编过一本小书，叫《爱看书的广告》，范用先生介绍说，在现代文学史上，鲁迅、茅盾、施蛰存、胡风、陆蠡等名家都曾撰写过图书文案，但他们并未将那些文本收进自己的作品集里啊。为什么？他们明白，那些文案虽确是亲笔编写，但那只是一种比较特别的工作产品。

Q：相关背景知识在编写文案时占有怎样一个位置？

A：当然越多越好，不过，编写文案时，背景知识像一张图片的景深，有当然比没有好，多当然比少好，可赶巧备料不足，对编写文案而言，也并无大碍——一则文案，重点还是中近景，即在那数百字的描述中，你对其重要价值的把握、描述是否及格。需留意的，是文案编写嵌入或融入相关背景知识时，应留意分寸，如果所编图书为大众类图书，文案中嵌入的背景知识太过专业、详尽，文案过于臃肿外，也易喧宾夺主，致使重要的价值表达未及强调，就好比你把追光打在伴唱们的额头，而让那位领唱者沮丧地站在阴影里。

Q：文案编写者的文化修养对编写文案有用吗？有什么用？

A：肯定有用。不过，它的用处有点儿像隐形实力，看不见，摸不着，但有或没有，可以感觉到，一个人胸无点墨、修养粗鄙，他所完成的文案，或许更易牵强附会，捉襟见肘？“你如今的气质里，藏着你走过的路，读过的书，和爱过的人”……前面这个鸡汤句来自一位网友，修养之于文案，好像也是看不见，至于它有哪些用，感觉很难拆分得十分具体，它像溶在水里的盐，难以分辨。

Q：怎样让一本书的文案洋溢浓厚文化气息？

A：想法不错，不过，恕我直言，这是个糟糕的想法，因为“文化气息”不是你想让它洋溢它就一准儿洋溢。文化这玩意儿跟情怀、涵养、修养之类近似，我们能在一段文字中感觉到它，可它又不是一块蛋糕，一台电脑，不是可触摸的任何一种东西，这样，当你以“怎样”为问题，希望能找到它、触摸它、拥有它时，等于给自己挖了个无法充填的大坑，给自己开列出了一个不可能完成的任务……你准备写一部伟大的小说，这没问题，但小说还没开始写，你先宣称它会拿茅奖、拿诺奖，可其实拿不拿得到茅奖、诺奖，跟你的主观意愿没什么关系啊，假使不是在马尔克斯的小说里，任何“事先张扬的谋杀案”多半只有张扬，谋杀未遂。

Q："气质"这种东西在文案中能体现出来吗？

A：此问与"文化修养""文化气息"等问同答，考虑到会有好多人同有此问，所以仅存提问。恕不赘述。

Q：怎样写出有"情怀"的文案？

A：此问与"文化修养""文化气息"等问同答，考虑到会有好多人同有此问，所以仅存提问。恕不赘述。

Q：编写文案需考虑整体感吗？如何呈现整体感？

A：好问题，其实不光专题文案，举凡文案，都需要整体考量。有的文案，字数不多，内容简单，可文案虽小，也像个家，麻雀不大，五脏俱全……文案本身乃至文案组合在一起后，也就有了结构：整体框架与局部区隔，整体价值与多维解读，都与文案的整体感密切相关，一组好的文案要有点，要有面，如果点是"重点"，那么面则多为"基本面"，关键是，文案须给最重要信息合理的位置以及合理的表述空间，简单讲，面面俱到、平均用力是整体感大忌。

腰封文案

· 腰封文案是图书文案中的易燃易爆区，
当然，也最易演砸了，炸飞了。
· 腰封文案的难点是商业诉求的得体
——小规模浮夸或许可以，但千万别过
……读者比你聪明。
· 少用、拒用形容词，别玩虚的，
让腰封清爽直接。
· 可在形容词省下来的地方加点幽默的芥末或麻椒
……麻婆豆腐要选上好麻椒。
· 在各类图书文案里，腰封文案最短
——要性感，就得短。

PART 2
讨论

Q：编写腰封文案要先考虑目标读者的口味、需求?

A：没错，不仅腰封文案要这样，所有图书文案，都应以目标读者的口味、需求为标的，文案如箭，铆足了劲儿也未必射中靶心，再无视、轻慢目标读者的口味和需求，也就失去了文案的意义。较真儿地说，所谓目标读者，也还是貌似精准判断的一个模糊判断，要想命中靶心，先得瞄准靶心，很多时候，瞄是瞄了，可我们没瞄准，瞄得很努力，但心想事成不易，原因多半在于，阅读是一种高度私密化的消费体验，也是一种极度个性化的产品选择，看什么或不看什么，选什么或不选什么，猜也只能是猜，很难猜。

Q：编写腰封文案有绝招吗?是什么绝招?

A：绝招儿不绝招，其实我也不大说得好，以我之见，将最能体现所编图书的独特价值用恰当、简洁的文字提炼写成腰封，吸引眼球、引起关注，这种本事大概就是绝招儿?如是，所谓绝招可包含三个要素：一是价值，二是提炼，三是恰当。价值需要挖掘，提炼需要精选，恰当需要打磨，在这三个要素里，最难的是提炼——不断将书中价值、风格、意义等独特性提萃为简洁明了、通俗易懂、个性鲜明的文字，让潜在读者产生好奇,生发共鸣,打开钱包（微信、支付宝），下单买书。

可多说几句的，是提炼。写过腰封文案的编辑大都有过改稿、磨稿的惨烈经历——最考验人的是，完成这种介乎价值传播与商品宣推之间的文案，其实是多重解码那样一种过程。打比方说，你准备出版一本英国小说，翻译原著即第一重解码，而第二重解码，则是挖掘原著人物、故事、情节中所蕴含的意义或价值，并将这种价值翻译成本地读者可理解的表述方式，而第三重解码，则是依据前两重解码，参照本地读者的阅读习惯，参照本地市场业态、风向，将作品所含价值简要通俗化地表述清楚……这个多重解码的过程跟猜谜语有点像，虽不能保证每次都猜对，可还是要猜。前两重解码要猜作者真意、文本寓意，后一重解码则是预估读者兴趣、口味、偏好，虽很难每次都猜得八九不离十，可既然做出版，你就得想：我为什么老猜不对呢？

有人曾说,1994 年算是中国畅销书概念的发轫期，这一年，外国文学出版社出版了美国作家罗伯特·詹姆斯·沃勒的小说《廊桥遗梦》。该书出版时，出版圈的腰封还没变成妖风，这本后来销量据说达到上千万册的超级畅销书，并无腰封。不过，该书首版封面上那条丝带状蓝带上“风靡美国的畅销书”8 个字，事实上起到了腰封的作用（这 8 个字在封底又重复了一遍），现在看那 8 个字，会觉得平淡无奇，并无特别之处，可在当时语境里，这 8 个字的影响力、助推力非同小可：

它简单。风靡，美国，畅销书，几个字人人都懂，感知、理解零障碍；它冷静。语词之用，准确为先，相比于此后腰封文案里叠床架屋的形容词、惊叹号，“风靡”二字确切，简洁；它非常含混。若以如今所谓大数据标准看，“风靡”其实不得要领。是在全美各州风靡？还是在一所高校风靡？是在已婚读者群风靡？还是在文学读者群风靡？都没说，只是“风靡”，而有关“畅销书”，其实也有完全不同的定义角度……可在当时语境里，这个含混的缺陷被其时初识畅销书概念、信息不对称的读者忽略了，毕竟那是在 1994 年的中国。

由上述揣测可知，也许并无腰封编写绝招儿这回事儿，书和书不同，读者和读者不同，时间和时间不同，哪有什么一招制胜、起死回生的方子等你照方抓药？如是，腰封文案乃至所有图书文案的编写，其过程很像酿造，你得有料，可料也不会自动变成酒，文案编写者就像酿酒者——要分析归纳，要翻译转述，要提炼提萃，所有这些，无非为了腰封上那一两行醒目的长短句，吸引眼球，刺激好奇，诱导购买，实现销售。

Q：哪些词汇放到腰封文案里就完全无效？

A：这个问题有点虚，很难一概而论，非要说，像副词、虚词、形容词之类，因不带实质信息和确切资讯，在腰封文案中应尽量少用或干脆不用。读者里也许有人酷爱形容词，可不能因为有乘客爱吃王致和，民航就在飞机餐里添加臭豆腐吧？顺便说，你问题里强调的“效果”其实很虚，效果的有或无，评估很难，说句玩笑话，腰封之地寸土寸金，在那儿摆文放字，尽心尽力实实在在就好了，至于效果，怎么评估？就算可以强硬评估，你说了算吗？一本书的畅销不能完全归功于腰封吧？

Q：哪些词汇一旦出现在腰封文案里反而让读者拒绝买书?

A：好问题。不过，非要具体到某个字或词，也真难为人。不过，你这一问倒是让我想到，大家不妨一起试着梳理一个词汇表，看看编写文案时，哪些字、哪些词需谨慎使用。当然，书和书不一样，每本书的预期目标读者不一样，不同语词的基础义项、延展义项、受众理解也都不一样，真能列出一张那样的表，会有很多语词无辜躺枪？也可能的。所以，不如编写腰封文案时，在不影响准确表达的前提下，虚词、副词、形容词尽量少用、慎用，道理很简单，这些类别的语词适宜渲染、衬托，算是锦上添花的“花”而非实实在在的“锦”，以传递确切信息而言，名词或动词适合担其重任。我甚至觉得，这种选词策略还可以扩充至所有行文习惯里——不到万不得已，在非文学性文本里，不用或尽量少用副词、虚词和形容词？试试看，可以做到。

Q：越来越多的人加入撕腰封党，是因为腰封文案写得太烂吗？

A：对，我觉得正是你说到的这个原因，至少主要是因为它。在我们这儿，机会主义者拖累整个行业的事屡见不鲜，他们的糟糕，把整个行业的文化水准、审美判断一并拉低。如是，腰封那点纸头儿其实无辜，那些希望“撕”腰封的朋友也未必对某个文案耿耿于怀，而是对那些不得章法、混乱到谵妄状的腰封文案深恶痛绝，而当这种深恶痛绝与一则具体文案尤其是自己深爱作家作品的文案交织，难免火大。

Q：腰封文案多以商业卖点为核心，一旦商业了就特招人讨厌吗？

A：也不全是这样，商业本无罪，有些锅本不该商业背，甩过去也没用。健康的商业是美好的，它几乎就是现代生活中最重要的部分。我的想法是，不管商业的妖魔化已经或还将持续多久，文案编写者都需在文化价值、审美价值外，努力去找一本书的商业价值，并用妥帖的文字将商业价值传递给读者。一般来讲，一本书的商业价值和文化价值彼此渗透、纠缠、扭结在一起，二者是互为代指的一个整体，像锅浓汤，滋味浓郁，主料辅料难分彼此。作为编写者，我们费尽心思要做的，是将其中关键价值打捞出来，再用得体的文字传递给读者，而那些不及格的腰封文案多半是将这种本该细声细语的提示变成了老王卖瓜式的吆喝，让商业卖点变成地摊念唱，很可惜。

Q：如何确立腰封文案的核心诉求?

A：书和书差异很大，书不同，腰封文案核心诉求也不同，无论腰封文案多么千奇百怪，主体诉求也应偏向商业——销售——或委婉含蓄，或直截了当，这是因为，腰封文案在本质上是商业告白，它是主体文案的一种补充，在腰封这种最打眼的位置上，商业告白是主诉求："我"是哪种类型的书,"我"的卖点是啥？"我"有什么值得"你"购买和阅读的……是，如此种种，不少人有心理障碍，在咱们这儿，鄙视商业、妖化商业有种鄙视惯性，总觉得直言商业有点那个。所以，编写腰封文案，先要去除凡商必奸的标签化思维，同时，在精准调研产品用户群的前提下，将图书的商业价值编排为读者喜闻乐见的文字……它比内容提要商业，比作者简介直接，在腰封文案里，太委婉等于没说，而失控的直接又近于绑架，尤需拿捏分寸。

Q：有哪些堪称神作的腰封文案让我们辣辣眼睛呗？

A：“海明威等了 64 年的中文译本终于来了！一字未删，完整典藏！”前面这则辣眼腰封文案出自 2017 年 2 月浙江文艺出版社出版的世界经典名著《老人与海》一书——这则腰封文案时空错乱，逻辑荒谬，一位资深书业记者点评说：“新社会把鬼变成了人，清明节要到了，祝想出这句腰封文字的人实现和海明威会面的可能。他会和您当面致谢的”……以我之见，这则点评还算客气，要我说，它不只是辣眼睛，根本是胡来啊！

Q：腰封文案是书籍文案的必选项？怎样决定一本书加或不加腰封？

A：不是必选项，有或无，需视具体书具体情况而定，甚至，所谓腰封，跟一本书的品质或销量也不构成必然的因果关系。1990 年，根据钱锺书小说《围城》改编的同名电视剧播出后引发钱锺书热，不久，钱先生早年学术笔记《石语》一书趁热推出。《石语》一书文字量不大，全书共 48 页，前 2/3 是毛笔手书笔记，后 1/3 为铅字笔记释文，瘦长 8 开本加行书题写书名的组合，使这本薄薄的小册子在一些书店被错误地归放在书法专架。可尽管如此，这本没腰封、小众化、作者几十年前完成的笔记类作品一年间 10 万册售罄。这个个案说明,对一本书而言，加或不加腰封，需要考量的元素有很多，一般来说，读者半径趋大的大众类图书倾向于加腰封，反之不确定，不一定……当编写完一部图书的必选文案后，如仍有未尽之言，那就加个腰封吧。

Q：腰封文案一般写多少字比较合适?

A：列出具体字数？这比较难，但腰封文案基本原则即为简练、简洁、直接。一再强调简洁，跟价值判断乃至视觉美学基本无关，它主要是基于腰封的物理属性来确定：一般图书的腰封尺寸纵向约书封 1/3 高，窄窄一条纸而已，想在这巴掌大的地界上闹出点动静，给预想读者留下印象，并非易事，腰封文案编写者要做的，主要是在充分把握图书特点前提下，不断打磨字句，砥砺修辞，提萃图书产品价值、意义，并将它写入腰封文案，传播给读者。这个过程有时倚马可待，唾手即得，有时千回百转，寻寻觅觅，比较难，可值得。

Q：从设计角度看，腰封文案在字体、字号选择上有啥讲究?

A：这需要根据一本书的具体情况综合考量吧。一般来说，文字的部分，多听编辑的意见，视觉的部分，多听美术编辑或设计者的意见，扬长避短，大家多讨论，业态啊，潮流啊，时尚啊，热门话题啊，都可能影响腰封的设计，比如，你想要一款文艺范儿腰封,那就得明白,所谓文艺范儿,估计不是字体字号那么简单,至少得有视觉潮流元素？至少得有文本属性元素？至少得有作者个性、调性元素？这么一想,就能发现,文艺范儿之类的想象或诉求,最终会是一个综合权衡、比较的结果，简单拼凑或摆放,很难如愿。“做书就是做细节”,这种话大家经常说,放在腰封设计这件事上，细节得逐一去追、去找、去商量、去研究。腰封最终多半被读者扔了，假如你的腰封设计到了读者想扔却舍不得，应归功于设计与文本结合到位……舍不得扔掉一条儿小小的纸头，那是“真爱”。

网络文案

- 为各类网络传播平台所提供的
  有关一本书的综合信息，即所谓网络文案。
- 编写得当，网络文案会像一则
  “小镇吃喝玩乐全攻略”，
  成为有关一本书的小百科。
- 既要西瓜，也要芝麻
  是编写网络文案的常见策略。
- 占比和侧重是网络文案最难拿捏之处，
  把花絮写成西瓜不妥，
  怎么也得考虑西瓜的感受啊。
- 网络文案须兼顾文化诉求与商业诉求的平衡，
  忌偏颇。

Q：网络文案有什么特点？它给谁看？“过客”还是“注册用户”？

A：网络文案属于综合文案，一般围绕图书核心价值展开，由多种相关信息组成，通常以推介图书产品为主诉求。围绕这一诉求，网络文案应合理组合有利于读者了解图书价值的各种信息。跟单篇书介、书评比，网络文案属小综合——它不是那种特别专业化的综述，因为无论其传播介质是电媒、网站还是微信公号，半径最大的接受者是普通读者。如是，网络文案是最常见的大众传播，因而，其内容要让一般读者看得懂，听得清，喜欢看，并乐于分享，网络文案完成的，是一种基于资讯梳理、整合、优化的信息服务，至于它是给过客看，还是给注册用户看，不重要。不是注册用户就不让买，你的网店是不是有点迂？

Q：除作者简介、内容提要外，网络文案还有哪些自选文案与之搭配？

A：与作品—产品相关的所有周边信息都可作为编写网络文案的备选信息。需留意的是，在泛娱乐化年代，一部图书产品的传播，那些既有定义中的次要信息常更具吸引力，你试图传播的价值是西瓜，可接受者却有可能对芝麻更好奇，这大概就是所谓选择性接受。既如此，编写网络文案时，编者不仅要对作品—产品的特点了然于心，还应对预设读者的需求、嗜好、个性乃至接受习惯有所了解，这样，编写网络文案或可做到西瓜不丢，芝麻不弃，既有主文浩浩荡荡，又有配菜莺歌燕舞，各得其所，开花散叶。

Q：网络文案非得山呼万岁、团体点赞才有效?

A：不是啊，这都听谁说的？在所谓后传播时代，山呼万岁或团体点赞不仅是蔑视消费者智商，且结果多半成事不足，败事有余。哪怕是粗放推介，文案要点也应该是直陈价值，而非鼓掌、献花、说好话……做人跟作文其实很像，实实在在既是低标准，也是高标准，你的言辞是虚头巴脑还是实实在在，读者真能感觉到……山呼万岁？团体点赞？宫斗剧看多了？

Q：将纸质书上的文案集合到一起，是不是就是网络文案？

A：意思差不多，但在实际操作中，也没那么容易。受位置所限，成品纸质书的文案篇幅小，文案容量受限，而网络文案容量宽裕，自由度也大，不过，尽管如此，只是将那些印在纸质书上的文案合并，充当网络文案，也过于简陋，算偷工减料。网络文案可以组合有关作品—产品的很多有用、有益、有趣的主体信息、周边信息——它当然要参照或选用纸质图书上的基础文案，但它更需要根据传播平台的特点，重新讨论产品要点，将那些基于作品—产品、基于传播生态、基于用户需求的周边信息巧妙地组合在一起，为平台的接受者、用户提供订制、专供类的组合信息。打比方说，原书上的那些基础文案像特写，加了追光，耀眼，强烈，简短，清晰，而网络文案则如宽幅全景，视野辽阔，景深斑驳，丰富多彩。

Q：在网络文案中，哪些地方需要特别强调？哪些地方无须强调？

A：需要特别强调的包括三点：一是产品核心价值，二是用户核心需求，三是与作品—产品相关的花絮趣闻。前两个部分专题编写者基本不会忽略，但对花絮，大家的态度可能因观念认知的不同而不同，大部分编辑会认为它不过是些边角余料，放进专题，作用不大，但其实，产品周边信息里，那些花花草草的部分也有价值，理由有二：一是很多时候，花絮未必不能映照一本图书的中心价值，有时它甚至可以为图书主体价值的呈现和传播添加无可替代的光泽、细节，像生日蛋糕上那几粒透紫晶亮的蓝莓；二是阅读之所以诱人，是因为它一定是一件快乐有趣的事情，跟基础文案的编写一样，篇幅允许的话，专题文案的编写尤其要向读者传递趣味、快乐——阅读的趣味，阅读的快乐，快乐和趣味更容易激发读者的好奇心。

Q：网络文案的主旨应偏向产品哪种属性？侧重凸显文化价值？商品价值？

A：偏向谈不上，网络文案编写时，要义即全面，跟内容提要比，它更像有关一本书的小百科，一本书如果荣幸地被分派到一个专题，全面介绍、评价、传播已是题中应有之义，也就是说，网络文案其实是一种面面俱到的文本样式，编者需要做的，无非是侧重点的讨论、确认、实现……确保重点突出，信息清晰，推介得体，一本书或一套书的文化价值便可顺利转化为商品价值。

Q：编写网络文案需要在规模和字数上有所考虑吗？

A：也需要，也不需要。参照此前讨论，用倒推法预估网络文案的整体篇幅即可，先按刊载媒体或平台的惯例，对所需文字量、图片量乃至视频规模大致心中有数，然后即可量体裁衣。

Q：网络文案的图文应如何组合搭配？

A：这个并无一定之规，文图组配，文、图、视频组合等，应视具体情况而定，而所谓具体情况，即文案刊载媒体或平台惯例吧。如果容量有所限制，则需事先沟通讨论，最终按可实现的版面容量，倒推文案图文的规模、容量——这种先会商，再倒推，再启动操作的好处如按图施工，看菜下饭，提高编辑效率。

Q：借助网络平台传播的文案可以配乐吗？配乐是不是很 low？

A：没错，除非文案跟音乐有关，否则确实有点莫名其妙。你个财经科普书文案，非配个《春江花月夜》，那不添乱嘛。从信息传播的角度看，配乐等于在信息传播中添加上貌似无益无害，实则有害无益的冗余信息，它会干扰信息接受的成本和时间，甚至会削弱主体信息的表达和接受效果……非配乐不可，最好设定开关，让接受者能选择听或不听，在互动大于一切的新传播时代，单向标靶式暴力传播已过时。

Q：网络文案容量大，是多人编写好还是独自编写好？

A：都可以，视具体情况而定吧。多人编写或独自完成，跟编写者的能力状况、文案完成的时间要求有关，选择哪种方法，可视网络文案最终的完成度、预期效果综合考量，至于几个人去编写，不重要，就好比品尝那盘美味樱桃，没人会追问它到底是几个人栽种培育出来的。在实际操作中，多人合作完成一个重点作品—产品的网络文案较为常见，建议是，不管网络文案的编写者是1人还是10人，统稿最好1人，而且，这个人最好是对项目整体状况有全面把握和理解的那个人——是项目主管？是网络编辑？都成，“多人”保证各扬其长，“统稿”保证信息调性统一、成稿得体。

体验

第三章

单本文案

从具体到抽象，从故事到评论

《檀香刑》内容提要文案

（作家 2001 版）

原文

《檀香刑》是莫言潜心五年完成的一部长篇新作。在这部神品妙构的小说中，莫言以 1900 年德国人在山东修建胶济铁路、袁世凯镇压山东义和团运动、八国联军攻陷北京、慈禧仓皇出逃为历史背景，用摇曳多姿的笔触，大悲大喜的激情，高瞻深睿的思想，活灵活现地讲述了发生在“高密东北乡”的一场可歌可泣的农民运动，一桩骇人听闻的酷刑，一段惊心动魄的爱情。

“檀香刑”是一种类似西方“桩刑”的酷刑，农民领袖不幸遭此大难。小说情节以女主人公眉娘与她的亲爹、干爹、公爹之间的恩恩怨怨，生生死死展开……这部小说是对魔幻现实主义和西方现代派小说的反动，更是对坊间流行的历史小说的快意叫板，全书具有民间文学那种雅俗共赏，人相传诵的生动性。作者用公然炫技的“凤头——猪肚——豹尾”的结构模式，将一个千头万绪的故事讲述得时而让人毛骨悚然，时而又让人柔情万种。

赏析

本书是作家莫言 2001 年的作品，与其知名度较高的《红高粱家族》系列相比，本书不仅尚无影视改编，且知名度略低，知晓这一位序状况，有助于文案编写者拿捏态度……《檀香刑》初版时间距离莫言荣获诺奖尚有 10 余年之隔。

本案首段介绍作品背景，第二段采用内容提要文案常用结构式——先说故事，次给评价——通常，我们会以为故事易写，评价难工，可就文案实操而言，又未必：说故事难在要言不烦，做评价难在专业精当、通俗易懂。以此衡量，本案可称完美——“讲故事”的部分如两个蒙太奇的组接，大开大合地将大历史、小传奇拼接到一起，热烈，热切，有一种落差比对之奇；

而其“给评价”的部分则通过西方—东方、魔幻现实—民间传说等美学风格的比对，用通俗语言点明《檀香刑》的实验性、先锋性，这个评价的部分甚至具备微型文论的质地……最后，文案以凤头、猪肚、豹尾的赞美收笔，并将民间猎奇、暴力美学等文学术语约简为大众可能感知、可能猜想的内容。文案编写者称莫言本书为“神品妙构”，隔着十数年光阴，现在看这则文案，它本身也当得起这四字。

本案最后以“毛骨悚然”“柔情万种”两熟词煞尾，虽也烂俗，可因有精准神异铺陈在先，也还不尴尬。

从中心比喻处下笔

《剥洋葱》内容提要文案

（译林 2008 版）

原文

在回忆录《剥洋葱》中，格拉斯记叙了他从 12 岁到 32 岁的生活经历，共 11 章，从 1939 年第二次世界大战爆发写起，一直写到他在巴黎的简陋条件下完成《铁皮鼓》。格拉斯声称 12 岁时战争的爆发，对他意味着童年的结束，此前的童年记忆往往是靠不住的，而他在《铁皮鼓》之后的经历，已经为人们熟知，无须写入回忆录。

在书中，他一次次地诘问年轻的自己，一层一层地剥去记忆的外皮，尽管这是一个痛苦、艰难、浸满泪水的过程，因为格拉斯认为“必须为这本书找到一种形式，这是最困难的。我们的回忆、我们的自画像都有可能是骗人的——它们也经常是骗人的，这是一个众所周知的事实。

我们美化、戏剧化自己的经历，让它们一桩桩浓缩成逸事。我想，所有这一切一目了然，包括文学回忆录的坏名声。这就是‘洋葱’。在剥洋葱时，也就是在写作的时候，会一层皮一层皮地、一句一句地越来越明显，让人可以看出来，这下失踪者将会重新活过来”。

赏析

本案两部分，起笔从传主生平时间轴切入，顺带点明 12 岁前、32 岁后舍弃不说的理由，清晰确切，而舍弃不说的深意也顺带谈及本书的思辨性，潜台词是:不可靠的，不说，你们都知道的，不说……有个性。

第二部分围绕剥洋葱意象展开。这写法像刻意调暗舞台四周的光，将最亮射灯追打在那个位居重要位置的人身上——将最重要的信息传递给读者。对本书而言，“剥”不仅是个动作，同时也是整本传记的中心寓意，既辽阔，又纷繁：它是作者三省往事的灵魂呢喃，是读者体察传主的暗夜津梁，也是往事重现时一层层剥掉虚饰和伪装的决绝之举：裸裎真相，自此开始。

本案并未直接引述原文，而是依据原文主体意象，对传主苦心孤诣的自剖提萃缩写，就此完成一个依托于原文要义的简要复述，这种提萃式缩写甚至需要文案编者具有一定学术写作功底，在通俗皮相下隐含文论式的评价，且暗藏价值导引……殊为难得。

规避主观风险

《神谕之夜》内容提要文案

（译林 2007 版）

原文

生命的偶然，像不定时发作的病毒。

而人生又有几层世界，你究竟生活在哪里？

他有一张完美度近似汤姆·克鲁斯的脸。他像上帝雕琢他的脸一样雕琢他的小说。他就是美国作家保罗·奥斯特，上承了卡夫卡和博尔赫斯的文脉，又与约翰·巴思等当代达人并称。在《神谕之夜》中，他讲述了一个盘根错节，充满悬念和神秘感的故事。大病初愈的作家西德尼偶然买到一本蓝色笔记本。这个神秘的笔记本似乎触发了一连串的怪事：西德尼灵感突发，在这本魔幻笔记本的引领下重新投入写作，而他身边又同时发生了一个接一个的事件。

赏析

本案首段起笔不凡，对生命偶然的病毒之喻超出常规，给人印象深刻。你出自何处？生在何方？

一般来说，整个文案完全以主观视角写就，风险大于新意——最大的麻烦是，一旦拿捏失控，会使读者迷失于文案，晕头转向，不知所云。本案尚好，主观切入的分寸刚好止步于越界之前，行文巧妙地在慨叹、师承乃至保罗・奥斯特小说最擅长的幻觉、混沌等不同子题间迂回，引领读者穿行在真实与虚构、现实与未来、心理与生理或清晰或模糊的情境之间，走进一个精雕细琢的故事迷阵。

第三段中“他有一张完美度近似汤姆·克鲁斯的脸”算是常规文案中不常见的神险之句，它试图呈现拥趸对作家颜值的赞誉、膜拜。这个类粉丝视角的颜值切口，搞不好会将整个文案带入迷妹、迷弟语境……好在编者快速给出“他像上帝雕琢他的脸一样雕琢他的小说”一句，化险为夷，粉丝视角秒变评论视角，所谓神异莫过于此。随后，文案在叙述中嵌入卡夫卡、博尔赫斯、约翰·巴思等如雷贯耳之名，含蓄地为文本的品质点赞。

本案峰回路转，其成品至少完成三个层次的传播效果：1. 从文学风格角度定义奥斯特小说的文学层级（潜台词：奥斯特有别于一般类型文学作家）；2. 从作品内容角度筛选奥斯特读者的大致范围（潜台词：假使你对卡夫卡等知之甚少，奥斯特也许不会是你的菜）；3. 从故事情节的角度预警奥斯特小说的阅读难度（潜台词：奥斯特文本险象环生有阅读门槛）……在大众传播理论中，第三层的门槛预警有个比较学术的词语叫“免疫效果”，用流行语表述即“别说我事先没告诉你”……这种免疫并非排斥，它不过有言在先，甚而有些读者会因此愈发好奇——你越冷，他越热。

用巧喻拓宽想象

《火星救援》内容提要文案

（译林 2015 版）

原文

六天前，宇航员马克·沃特尼成为第一批行走在火星上的人。

如今，他也将成为第一个葬身火星的人。

一场突如其来的沙暴让阿瑞斯三船员被迫放弃任务。撤离过程中，沃特尼遭遇意外，被孤身一人丢在了这片寸草不生的红色荒漠中，剩余的补给也远不够撑到救援可能抵达的那一天。

不过，他也许还没机会饿死在这颗星球上。机器故障、环境灾难、人为失误，凡此种种，都有可能抢在饿死之前要他的命。

当然，沃特尼也不准备坐以待毙，凭借着他的植物学家和机械工程师背景，他决定跟火星来一场不是你死就是我活的过家家游戏。

赏析

讲故事是本案基础叙述法，它也是编写内容提要的惯常套路，看似容易，可简明扼要讲好一个故事，并非易事，不然，为什么大家只喜欢袁阔成?

本案的故事平铺直叙，可在它简单平白的讲述中，原著重要细节悉数全收：它让红色荒漠里的重重危机与智慧集合爆发，对比鲜明强烈，并让它成为这段平白叙事的轴心。

本案最为传神的一笔出现在文末——过家家——这三个字是本案最令人意外的一个比喻：在险象环生的救援语境中，过家家之喻让人想起撒尿救城之于廉先生,顽皮时有善意,捣蛋中藏慧心,玩笑间显智趣……曾有研究者称，任何比喻都会延宕情绪、情节的惯性，这说法当然有道理，为避嫌，短喻最珍贵——过家家——三个字，整个文案都被照亮。

给读者一个加强版的诱惑

《在切瑟尔海滩上》内容提要文案

（上海译文2008版）

原文

他们年纪轻，有教养，在这个属于他们的新婚夜，都是处子身，而且，他们生活在一个根本不可能对性事困扰说长道短的年代。话说回来，这个坎儿向来都不好过。

他不知道，或者说他不想知道，当她从他身边跑开时，在即将失去他的痛楚中，她对他的爱一定比以往更强烈，或者更难以自拔，此时如果能听到他的嗓音，她会得到某种解脱，她会回过头来。然而，夏日黄昏中，他只是冷冰冰地站着，理直气壮，一言不发，看着她沿着海滩匆匆离去，她举步维艰的声音淹没在飞溅的细浪中，一直看到宽阔而笔直的、在黯淡的灯光下隐隐闪烁的砂石道上，她成了一个模糊的、渐行渐远的点。

赏析

本案要读几遍才真正读懂？不知道，我的体验是，这则文案读了很多遍，似懂非懂；读完小说再读，还是非懂似懂。

而这，正是编写者想要的效果？也许。想了想，神秘莫测就是本案所营造的接受效果：第一段末尾给出的“坎”为本案中心比喻——它是文化坎、习俗坎，是阅历坎、时间坎，这个比拟像复杂的几何题，由因至果，无果，执果索因，更乱；第二段笔触凝练，将全书的故事归结成一个压缩格式的预告片，让读者在一团团暧昧中，好奇心集聚。

第二段中使用到诸如“痛楚”“爱”“难以自拔”“解脱”“举步维艰”等多个抽象词语，这种以抽象文辞展开的叙事便于复述、理解，也不容易剧透，从接受者角度看，虚构类图书内容提要文案需力避清澈见底，都见底了，阅读期待就毁了。好小说的好，常常好在一言难尽，文案不能坏了这规矩，所以，与其说不清道不明，莫如高冷神秘，把那股子劲儿端起来，端稳了。

好的文学没有标准答案，文案，尤其虚构作品文案的职责本就不是给答案——那就给出一个加强版的诱惑？善哉，善哉。

旁敲侧击压强更大

《迷走·神经》内容提要文案（新星 2013 版）

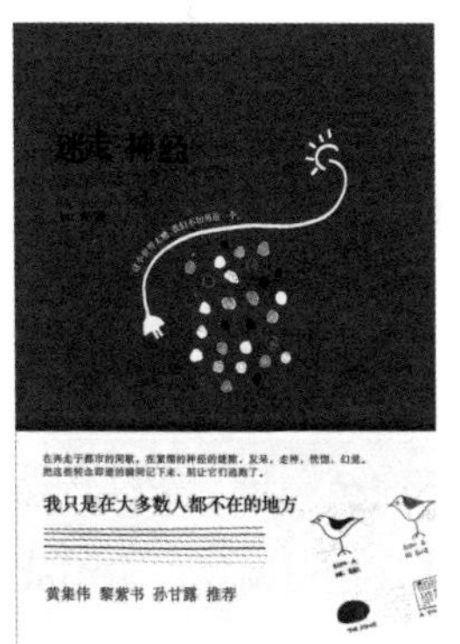

原文

24 幅神经涂鸦 +89 则迷走故事。

大大都市里的小小传奇。

这个世界太糟，我们不如另造一个。

在奔走于都市的间歇，在紧绷的神经的缝隙，发呆，走神，恍惚，幻觉。把这些转念即逝的瞬间记下来，别让它们逃跑了。

献给城市迷走症患者。

赏析

本案风格高冷，若仅从文案的信息传递看，很难确认这部作品是散文还是小说？是故事还是传奇？或者，既是小说，又是散文，既像故事，又像传奇——这并非文案编写的不正当期待，而是本案真实效果……刚刚好，高冷本就是原文本特质。

本文案中“转念即逝的瞬间”一句中的“转念即逝”与“转瞬即逝”意思接近，又不完全一致，选“转念即逝”，未选“转瞬即逝”，用意是在强调这本短小故事集中的主体是人——那个“念”字，指的是当事人的所思、所想——可能是幻觉，也可能是想象，有神经末梢里的灰尘、落叶、冥想或执念……这么一想，“转念即逝的瞬间”7个字，已传递出该书文本要害：记录都市细节，刻录多维恍惚——作者像鼻烟壶内画师那样，将现代都市人一念间的一瞬、一瞬间的一念逐一收藏，让一个个迷走故事转化为轻巧迷幻的文字，迷你，精致，传奇——一种既不孟姜女，也不窦娥冤，既不王子复仇记，也不安娜·卡列尼娜的都市生活原生态：一声喟叹，一阕吟哦，一息咕哝。

这也证明本案选用高冷文风刚刚好：当复述变成不可能，索性放弃，改为旁敲侧击，反极贴合，像当年那位艺考生——用两只蝴蝶暗示踏花归去马蹄香——一样。

找对了腔调就找到了读者

《小顾聊绘画（壹）》内容提要文案

（中信 2014 版）

原文

《小顾聊绘画》系列脱胎自作者在微博上发布的“小顾聊绘画”系列长微博，顾爷以一个艺术爱好者的身份用一种前所未有的形式向读者讲述九位世界顶级艺术家的生平故事：搞基（？）的男神卡拉瓦乔，艺术“新东方”创办人伦勃朗，站在“风口浪尖”的神童透纳（是真的站在风口浪尖哦～），大器晚成为爱而殇的康斯太勃尔，一画画就挪不动地方的莫奈，没有乳房就不会画画的雷诺阿，命苦如中药命硬如钻石的梵高，隐约有些变态倾向的德加，还有附赠的史上最贵的“附赠品”——塞尚。艺术家还是那些熟悉的艺术家，他们的人生也还是他们的人生，只是一切因为顾爷的闲聊而变得生动可爱，妙趣横生。

赏析

作者顾爷是网红作家，他撰写的艺术普及类作品自带网感，循此，本案腔调萧规曹随——也选用网感十足腔调。没错儿，这腔调常被专家群、学院派鄙夷，但网友却恰恰因此倍感亲切，这种亲切感、亲近感不仅因为那个小小的“~”网符，不仅因为它直接使用“搞基”“男神”“哦”等网络熟词，还因为文案通篇荡漾着的松弛感——它刺破了学院派气球惯常的膨胀浑圆俨然，蹦跳欢跃，朴白天真，让文案一脸艺术评书式的嬉闹，雅痞雅痞的。

这种嘻嘻哈哈的腔调与书名中的“聊”字也有呼应——非常贴合：聊，就是聊天嘛，就是讲古嘛，就是说故事、讲八卦、扯野史……它为该书“艺术史讲述”的内核订制了一件相声会馆的情境外衣，让读者恍然走进嗑瓜子、甩毛巾的德云社现场，甚而，它还顺便甄选了该书读者——非美术研究者、非艺术专科生——尤其是那种只是渴望新知、猎奇八卦的一般青年读者……在不足三百字文案里完成恁多诉求，很难得。

传奇性是最大的诱饵

《寻找巴金的黛莉》内容提要文案

（人民文学 2009 版）

原文

那年，黛莉十七岁，还在太原女师念书，读了巴金的小说，激动中给他写信，谈生活的纠结，人生的苦闷，想到要去牺牲，三十岁的巴金呢，也认真地回复，劝告她：“你还是继续求学吧。我并不是叫你埋头读死书，不问外间的一切事情。……你不过是个十七岁的孩子。而中国还充满着三四十岁的壮年人。第一批献身的应该是他们，而不是你。你不要那样苛酷地责备你自己。”

巴金的信温暖，动人，热忱，笔底全是殷殷的关切和爱护，透着一种责任，一种信仰；赵瑜的笔法也是妙趣横生，大写意般，又不乏细节的精心雕琢，高屋建瓴，却又没放过任何一丛毛茸茸值得反复咂摸的意味。

赏析

该书为非虚构作品，在作家整体作品序列中，这个单本不宏大，不主旋律，算是一部小题材、小情感的小品。不过，人小鬼大——较真地讲，这部作品的传奇、神异，就算跟作者大名鼎鼎的《马家军内幕》相比，也并不逊色……当然，作者尚待出版的《牺牲者》除外。

本案自文本最为惊奇处入笔——从17岁的少女给30岁的巴金写信并意外获得回复的蹊跷处穿针引线，却对最终悬念守口如瓶，挑逗读者的好奇，撩拨效果显著。

本案谨防剧透的警惕性极高——这当然是一种写作技巧，但这种喧闹其里、淡然其表的自控力，其实也是一种自信——它跟文本中表现出来的作者内心田野调查式的耐心、细心甚而野心十分接近：以绵韧之力锲而不舍探究真相。由此可知，有自信，更容易惜字如金。

啰唆是文案的死敌

《我们不懂电影》内容提要文案（节选）（海豚 2014 版）

原文

在电影已经成为我们生活不可缺少的一部分的时候，从本书中可以从我们看电影的喜怒哀乐里读到不一样的风景，正如小宝曾说，毛尖是华人中“第一个看过一万部欧美经典影片的最年轻的女教授”。她在报纸专栏上用文化批评的方式写电影，在文学杂志上用随笔杂感的方式写电影，在评论刊物上用半论文的方式写电影。有人说她的文字带着“小资情调”，她多用诙谐的文字解读电影细节，内容有趣。

赏析

本案特点是直接用评价完成文案——所谓“直接”是指它既是直接引用、直接评论，甚而还是文案作者自己直接站出来评头论足——这种写法看似“粗暴简单”，但背后藏有玄机。

在很多评论家看来，毛尖的影评已是沪上个人文化品牌之一。读过毛评的读者，多对其论点之辛辣、文风之坦荡印象深刻，其指涉之广、蕴藉之深、讥刺之锐，与传统影评完全不在一个频道……这种以社会学乃至人类学视角切入的毛评气质以文案的三言两语，很难说清，因此，本案编写者索性直引名家评语，爽利明快外，也便于读者把握要点，降低接受成本……很多时候，流行文案失之于冗余繁杂——太啰唆。

百余字篇幅，本案传递出至少两组重要信息：一是作者阅片无数——这个“无数”是影评者开腔言说的“底肥”啊，片子没看几部，张嘴云山雾罩，那种评价全无根基；二是学术功底——本案编写者在这一维度的信息传输中，用到了报纸、杂志、期刊三种场景虚拟，以此强调毛评在这三种媒介间的花式错位表达……定位如此精准，证明本案编者乃作者知音。

力避友好的、善意的歪曲

《先上讣告后上天堂》内容提要文案

（新星 2007 版）

原文

作为一名为戴安娜王妃和马龙·白兰度撰写过讣告的记者，玛里琳·约翰逊沉迷于讣告，沉迷于离开这个世界的人们的故事，醉心研究讣告为什么会这样吸引读者。她每天在网上阅读讣告，还拜访了《纽约时报》的讣告版编辑，参加世界讣告作家大会，她找出了英语语言中最出色的讣告，还前往各地细细品味了最刻薄和最有文化的讣告，偶尔还探访了那些专门写讣告的作者，像学者一样钻研各种讣告，并比较讣告之间的差异，在此基础上写成了这本描绘讣告中的传统和文化的《先上讣告后上天堂》。

这本书妙趣横生，令人莞尔。作者带读者去亲身体验讣告的历史和那些直到他们消失才会引起我们注意的、不同寻常的生命，从一个非常有趣的角度描述了人类最后的历程——讣告——的历史和习俗。

赏析

作为职业身份的一种，“讣文撰写者”很稀罕，因此，本案貌似容易编写——毕竟，利用猎奇心、激发好奇心是图书文案的惯用伎俩。不过，阅览本案后会发现，仅胶着于猎奇或落笔于猎奇，难免俗套，它或许立收洒狗血效应，可万一那“洒狗血”是对文本价值的严重歪曲怎么办？哪怕它是一种出于善意的歪曲，也成遗憾。

从成品看，本案修辞选择了细节累积法：自沉迷而阅读，自阅读而研究，自研究而拜访、品味人生万象……这些细节的叠加，让“编写讣文”这一职业的传奇性变得具象可感，它帮助读者明白，传奇其实并不抽象，它常常就藏匿于细节之中。

藏在作者传奇经历中的，还有作者对生命故事的好奇，本案对此按下不表，云淡风轻，点到即止，将赏鉴和发现的惊喜留给读者。

在同一条河里划动双桨

《先上讣告后上天堂》作者简介文案

（新星 2007 版）

原文

玛里琳·约翰逊（Marilyn Johnson），专栏作家。曾为《生活》等杂志撰稿，并担任过《君子》等杂志的编辑，她的作品散见于这些杂志和其他著名刊物。

玛里琳·约翰逊曾经为戴安娜王妃、杰奎琳·奥纳西斯、伊莉莎白·泰勒、凯瑟琳·赫本、约翰尼·卡什、鲍伯·霍普和马龙·白兰度等著名人物撰写讣告。很多读者以阅读她写的讣告为乐，并评价说：“如果她可以给我写上一段讣告，我即便现在死了，似乎也值得了。”甚至还打趣道：“我一定不能让她比我先死，不然就找不到更适合的人给我写讣告了。”

赏析

“作者简介”与“内容提要”之间的关系没有固定套路，比较理想的成品状态是，两种文案互文互衬，各自独立，既有侧重，又彼此呼应。

本案从作者作品美誉度处入笔介绍作者，以此标注作者的大咖地位，收尾处，则以读者“死得其所”的“肺腑之言”作结，将“讣文撰写者”这一神奇的职业魅惑推至极端，诱发读者的阅读兴趣。

促成作者简介和内容提要互文、共振效应的前提是在资讯与情绪两个维度的语境同步，它就像在同一条河里划动双桨，唯有如此，搭建共情语境的目标才容易实现：内容提要部分侧重讣文文化的介绍，作者简介部分侧重讣文实效的魅力，如是，二者相互映衬的诉求水到渠成。

用喧闹的浮夸传递省思

《广阔天地》内容提要文案

（中国青年2014版）

原文

有句知青老话：一起下过乡，一起扛过枪，一起同过窗，一起分过赃，一起嫖过娼。本书就是一群知青，张三李四王二麻子、向阳花杜鹃花膨胀花，和贫下中农癞头贵癞头富讨饭头们，从并不遥远的广阔天地走来——潭头大队、梁上、大岩头、大明堂、流氓鞋、祠堂、稻桶、坟头堆、粪缸、蜈蚣岭、知青屋、厅上、小码头、枪毙鬼、门前洞、渠道、潭头泻、本保殿、老知青农家乐……日起日落，忙天忙地，潮起潮落，生生死死，走过穿上皇帝新衣的一千零一夜，走过三十功名尘与土八千里路云和月……昭然一个知青的神奇传说。

或许是最后的知青小说，以生命为知青颂，以知青为后代志——80 后 90 后，父母的青春。

赏析

本案文风花不棱登，像一幕文字小品，腔调圆滑、艳俗，小规模玩世不恭，巧妙地将小说面对往事嬉皮笑脸的文本韵味经由文案传递给读者。文案与作品的关系有很多种，或反向，作品调性黑白分明，文案偏就花不棱登五颜六色；或顺拐，作品五色纷呈，文案活色生香——本案属后者：顺拐。

细读可发现，在油腔滑调的皮囊下，本案内瓤里藏着一个辽阔的沉默：是欲说还休的“休”，是欲言又止的“止”，是一言难尽的“尽”，是不说也罢的“罢”……这个以无声方式发声的“沉默”被裹匿在大大咧咧的文字皮相内，让青春背后那微茫的残酷、无际的悔意和省思以沉默为姿隐隐浮现。

文案的张力来自对比

《先锋戏剧档案》内容提要文案

（作家 2000 版）

书名 先锋戏剧档案
编者 孟京辉
出版 作家出版社
公元一九九九年十二月二十九日
案卷目录
所收剧本
飞毛腿或无处藏身
思凡
我爱×××
恋爱档案
阿Q同志
一个无政府主义者的意外死亡
恋爱的犀牛

原文

《先锋戏剧档案》包括《思凡》《阿 Q 同志》《一个无政府主义者的意外死亡》《恋爱的犀牛》等八部原创剧本以及 30 余部剧作的节目单、说明书、剧照、导演的话等等原始材料，不但记录了先锋戏剧创作过程，同时还展示了近十年来中国年轻戏剧创作者的舞台成果，突显了戏剧发展实验创新之路。

赏析

在各种类型的文案中，本案属传统格式，一五一十如实说，温厚踏实。全案 130 余字，无抒情，无形容，无花言巧语，简洁精准。

这种老实巴交的文案风格与该书文本主体内容、装帧设计的试验和前卫形成了一种奇妙的化学反应：内容、包装先锋，险峻大胆，文案平实工整，一五一十，这种落差对比让文案张力陡增,它比那种锦上添花“添”得花不棱登的文案给人留下的印象更深。

用疑问牵引好奇心

《重口味心理学》内容提要文案

（中国友谊 2012 版）

原文

你的身边是否有些人看起来怪怪的？是不是总有一种事物让你没来由地害怕？你的大脑是否经常不受意识控制地涌入一些想法、影像或冲动？你身边是否有些人会突然性情大变，几乎变成了另一个人？你听说过有的男性有着“害羞的膀胱”吗？他们在公共卫生间小便时一定要等到旁边没人，或者到一个单独的小隔间，否则便尿不出来。

《重口味心理学》是心理学的最后一块隐秘，幽默另类、通俗易懂地讲述了各种重口味心理现象，如多重人格障碍、特定精神分裂、恋童癖、恋物癖、露阴癖、性欲倒错、特定对象恐惧症等，配有大量生动真实的案例，并附作者独到的分析，教你如何一眼看穿身边人的所有秘密和怪癖。

赏析

本案首段以设问句开笔，直切书中所述各种重口味……这种提取书中细节的开场白优势有三：一通俗（如将“膀胱害羞症”描述为“池畔犹疑”的画面，画面感强，任谁都懂），二亲切，三体谅（如设问避“你”而取“你的朋友”,降低或可引发的小尴尬,聪明）……首段的设问排序，内在逻辑层级清晰：自广而窄，由浅入深，口味逐级加重……顺便可说的是，文案叙事内在语序的逻辑性是个很容易忽略的细节，可它其实很重要，它的不断推敲、优化常在文案修改阶段，努力做到讲究而不将就，是文案编写的细节。本案尤佳，值得仿效。

本案第二段起始句中用到“最后”这种小夸张，并顺手将心理学研究领域的专业研究逐一罗列，这样既有助于读者鸟瞰全书，也可帮助读者避免信息误解：这不是一本八卦流言集，而是一本地道心理学通俗读物。

用反俗套的方式另起炉灶

《硬糖手册》内容提要文案

（中国华侨 2014 版）

原文

《硬糖手册》是作者最新个人随笔集，也是“坏品位食物哲学”系列完结篇。该书收录了 48 篇独具个人风格的散文，以及十部“私藏电影、唱片、书籍推荐”。

这是一本被作者称为“记忆回放机”的随笔书，它将你的所有过往记忆：学生时代的回忆，青少年时的迷茫、叛逆，以及进入成人世界的身份疑惑与不适感，统统通过最日常的状态描写得以呈现，读者能从该书的任意章节里找到自己某个阶段，及瞬间的个人生活体验，而书名“硬糖”指人在受挫与绝望时的坚强与良药。是一位成年人站在另一个角度反观自己，也以此告诉阅读该书的你：上帝给你关上一扇门的时候也不一定会为你开几扇窗，但你要记住，屋顶的烟囱一直是为你开着的，下水道也可能通向光明。

赏析

本案起笔介绍作者、作品简况——就文案套路而言，刻板老套，并无新意……好在它并不长，可知编写这类几无创新空间基础信息也有小窍门：短——说清即可，切忌冗赘。

第二段开始点评，特点是，它以虚拟互动方式完成，案中那位无名无姓的代词“你”，算是个虚拟的交流对象——一个由文案编写者虚拟出来的对话者，选用这种虚拟对话的方式，使得本案亲切活跃，读者很容易被代入“你”的角色设定，成为图书潜在读者？有可能。

收尾段作者笔锋一转，用鸡汤文本格式完成了一个反鸡汤棒喝——这碗讥讽揶揄的反鸡汤齁咸，略苦……能在“上帝给你关一扇门必定为你开一扇窗”之类烂俗老梗外翻新出个“下水道”，把励志俗套翻出新意，是本案不同凡俗之处。

让文案为『个性』保驾护航

《你以为你以为的就是你以为的吗？》内容提要文案

（中国人民大学 2012 版）

原文

《你以为你以为的就是你以为的吗?》是《哲学家杂志》共同创办人朱利安·巴吉尼与杰里米·斯唐鲁姆共同撰写的哲学普及著作。

在当今社会，价值混乱已经不是最严重的问题，更严重的是思路混乱。对于政客的观点，对于“话语权拥有者”的指引，社会大众往往随之疯狂起舞，欠缺理性判断的能力。造成这种现象的原因，就是大多数人害怕哲学，误以为哲学艰深晦涩。其实，哲学可以让我们思路清晰，甚至可以解除我们的痛苦。在《你以为你以为的就是你以为的吗?》中，作者精心设计了 12 道检测思考清晰度的逻辑谜题，涵盖哲学、逻辑推理、信仰、思想一致性、禁忌底线、道德标准、艺术、身心灵、自由、终极逻辑常识等多个有趣话题。你可以通过 12 个谜题快速提高你的思考力，抓住别人的思维漏洞！

《你以为你以为的就是你以为的吗？》严密有趣的进阶测试，清晰易懂的题目解析，使它成为英国最受欢迎的哲学普及类读物。

赏析

大部分人知道哲学，但若让你简明回答到底什么是哲学，怕也支吾含混，一言难尽。这种普遍存在的语焉不详，成为本案下笔的切口：清晰的哲学认知其实至关重要——这一“切”就像为一道伤口递上一张创可贴，受领者虽不至于潸然泪下，但多半心一暖——好周到。

本书书名很特别，7 个汉字缭绕出一个总计 14 个汉字的绕口令般的书名，为此，文案先破题，再析题，给出“哲学”“普及读物”“思考谜题”“范畴分类”等限定，帮助读者透过这个绕口令般的书名，领会文本要义。

个性鲜明的书名在相对平庸的图书市场会特别扎眼，虽也因个性突兀而吸引眼球，但风险是，这类书名若无文案配合，只留下书名光秃秃的个性，会吓跑不少读者，买椟还珠，得不偿失……这时，精准到位的文案可以为独特、个性铺路架桥，保驾护航。

克制冲动，优化表达

《Wabi-Sabi——给设计者、生活家的日式美学基础》内容提要文案

（行人文化实验室 2011 版）

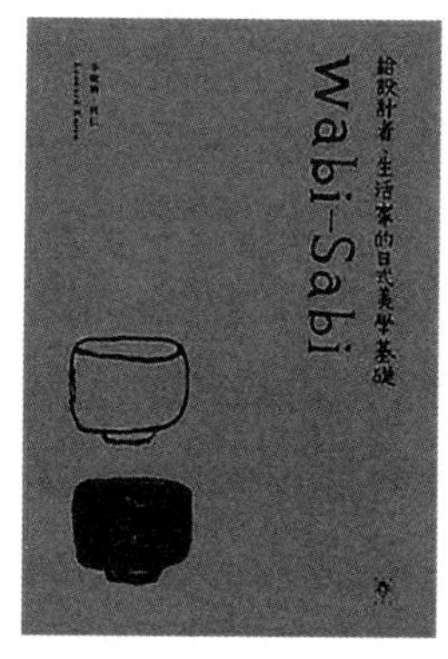

原文

日本茶道大师千利休，正要打扫满是落叶的庭院。

首先，他仔细地将地面与草地清理得一干二净。

然后，他摇晃其中一棵树，好让少许的叶子掉下来。

这就完成了。

每个日本人都知道何谓Wabi-Sabi，但若要解释，他们可能会犹豫很久，最后抱歉地说：“大概只有日本人才能体会。”这个神秘、日本人才懂的概念，正是日本千年美学基础。无论京都的寺庙、庭院、屋瓦，还是东京的建筑、茶碗、服饰，到处都是这个概念的展现。特别是在茶屋里，每个动作与每样器物，几乎都是为了体会Wabi-Sabi而存在。

面对一个茶碗，我们应该从何开始欣赏？仔细检查？还是单凭直觉？Wabi-Sabi 的几个观念，可以转变我们对事物的态度。比方说，本书提到“美其实只是一种与丑妥协的条件”。千利休曾经有个茶碗，在众多茶碗中并不突出，只是有一次，千利休将几个茶碗放着让弟子挑，最后剩下这个没人拿，于是就称之为“木守”（日本人称最后没被摘走的秋柿为“木守”），借由命名与故事，千利休改变了人与物的关系，从别人的“丑”产生了“美”的氛围，这就是 Wabi-Sabi。

是的，千利休正是将 Wabi-Sabi 发挥得淋漓尽致的实践者，而这本书则是第一本把 Wabi-Sabi 整理出来，让大家都能懂的书。本书内容用简单的条例、比较与例子来带领我们进入 Wabi-Sabi 的世界，设计者可以从中获得创造的切入点（美国 Amazon 书店的读者留言一再表示，这本书每年都让他设计出新作品），一般旅游爱好者、生活家，则可以找到新的支点，从此改变看待世界的态度。下次走进京都的庙宇，或捧起一个茶碗，除了惊叹，Wabi-Sabi 还会让你读出它想说的话。

赏析

本案较长，原因大概是对一般读者来说，该书主题“Wabi-Sabi”相对陌生且繁难，一般而言，超过500字的“内容提要”已含导读属性——当然，也许文案编写者的想法是：若连导读都没耐心读完，也就不是本书目标读者？与文本相匹配的长度，常常也是反选读者的依据之一，而大众学术类读物的内容提要文案多循此道。

“降低难度”是大众学术类读物文案的首要任务。本案用大师扫落叶特写画面启动叙述，用生动的记叙导引出有关“Wabi-Sabi”的深入讨论，以期完成由具象导引抽象的目的。

本案的另一特点是，虽然是为一本学术普及读物编写文案，可文案通篇并无抽象晦涩学术腔，编者着力控制那种原本无可厚非的学术表达冲动，努力通俗易懂，这一点尤其难能可贵。

高冷腔调是一种策略

《然而》内容提要文案

（上海文艺 2014 版）

原文

法国先锋派“十二月文学奖”获奖作品。

十二月文学奖原名十一月文学奖，是一个反龚古尔文学奖，由米歇尔·德讷利始创于一九八九年；但由于他不赞成米歇尔·维勒贝克作品《基本粒子》（1998）获奖，被评委会辞退。自此，该先锋派文学奖由奢侈品牌企业家皮埃尔·贝尔热提供赞助，并改为十二月文学奖。在历届获奖者名单里，可以看到许多先锋派作家的名字：让·艾什诺兹、雷吉斯·德布雷、米歇尔·维勒贝克、菲利普·福雷斯特、让－菲利普·图森……

在小女儿夭折之后，作者借着追溯三位日本艺术家的故事，完成了自身艰难的心路历程。小林一茶同样痛失过幼儿，他借助诗歌来排遣内心的痛苦，写下许多洞彻人世的俳句，包括这首《然而》；日本现代小说之父夏目漱石也失去过幼小的女儿，在小说里描述这种失女之痛；还有第一位拍摄长崎原子弹爆炸罹难者的摄影师山端庸介，他用镜头记录垂死的幼童。本书荣获法国十二月文学奖，是法国“自我虚构”（auto-fiction）小说的扛鼎之作。

赏析

本案第一、二两段介绍相关背景，腔调高冷，以“‘十二月文学奖’获奖作品”开篇，导引出以让·艾什诺兹为首的一长串著名作家……这种腔调大有排除异己意味，可反过来想，也是爱护吧？用文案反选读者其实也是一种保护：不了解？没兴趣？好，滑动鼠标，看点更对你口味的，岂不更好？

从第三段起，本案开始简叙文本大要，在精确的总说后，小林一茶、夏目漱石、山端庸介人生故事的共情点被逐一捋清，文案作者像影院导位生那样——为即将展开的阅读以耳语悄声提示，十分体贴。

本案第三段末尾重提“十二月文学奖”，并顺便提及“auto-fiction”，对文青读者而言，是小科普，也是小彩蛋。

「暗示」比「明说」更有效

《我如何清空父母的家》内容提要文案

（上海文艺 2014 版）

原文

莉迪亚·弗莱姆在父母去世后，开始着手清空双亲房子的沉重工作，没想到，原本是收拾父母的遗物，却变成一场见证家族、发掘历史的历程：她出生时用过的玻璃奶瓶，二战时失踪亲戚的政府追踪记录，父母婚前远距离相恋长达三年的情书，甚至连父母生前绝口不提的集中营往事，也竟然留了一份口述历史……她一一拼凑起对双亲从前无以得知的部分，并渐渐地用新的方式来认识他们。清空父母的家，同时经历种种愤怒、哀痛、思念、内疚的情绪风暴，也在最终，找到了重新与逝者对话并解放自我的途径。

赏析

本书很薄，可信息密实坚硬——这是该书最大特点。本案以 200 来个汉字要言不烦预告书内主要内容：将遗物、历史、爱情等以“家”为眼，搭建出一个人人都会经历的普适性话题框架,要旨明确。文案以“愤怒”“哀痛”“思念”“内疚”归纳故事讲述者“我”的繁复心情，提纲挈领。

本案所选细节精巧简要：“玻璃奶瓶”“追踪记录”“情书”等兼具个人—大众双重属性，这些细节的选用，规避了相对生僻、私人的部分，让文案与读者所可能生成的共情效应最大化。

作者兼有女儿、人妻、学者三重身份，最终完成的文本随之兼具怀旧、哀悼、疗愈多重属性……在我们每人都无法躲避的生命告别历程中，这本书就像一位辅导师，帮助我们清理遗产：精神的和物质的，浅层的与深层的。

宁断其一指，不面面俱到

《张爱玲传》内容提要文案

（广西师大2000版）

原文

张爱玲是作为中国现代文学史上的一位杰出作家，而不是作为一个怪人、异人而存在的。也许她将不仅仅属于现代文学史。遥想几十年、几百年后，她会像她欣赏的李清照一样，在整个中国文学史上占据一个稳定的位置也说不定，而我们知道，那时候今天为我们所熟知的许多现代作家肯定都将被忽略不计了。本书分为上中下三编，收集作品有从前、家庭生活场景、“赤裸裸地站在天底下”、读书岁月、港战中的印象、少作、卖洋文、谈中国人、成名等。

赏析

“本书分为”一句前，本案完成了对于传主的基础评价——不是文学评论，不是作品赏鉴，不是传记梳理，而是紧扣时间轴，从大众传播的视角提示传主的未来性——她是杰出作家还是怪人异人？她属于现代文学史、中国文学史甚而世界文学史？这些设问内隐含的指向十分明确……案中“遥想”二字尤其传神，它导引出有关未来阅读的畅想——从这种设定中，读者或可感受到文案作者深潜的敬慕和理解——一种有理、有据、有态度的期待。

在“本书分为”一句后，本案直给全书分辑标题，为读者的选择提供参考，它像一款成衣上的“说明标签”，一五一十，全无花活儿。

预设读者，精准谋划

《我相信失败》内容提要文案

（时报文化 2015 版）

原文

尽管眼前埋伏广袤的原野和恐惧，尽管还一无所有

但在幻想中，感觉自己拥有一切，那就是青春

陈文茜与 10 位梦想飞行者的人生相谈

蔡康永、周杰伦、五月天阿信、刘若英、严长寿、林怀民、蒋勋、罗大佑、许芳宜、潘石屹

他们的人生故事，也是怀抱着梦想的你的故事

他们的信念，带给这个时代的青年，最有力量的信念与箴言

本书收录陈文茜主持、中天电视制播《中天青年论坛》节目，各位与谈人的精彩人生故事，艺文界大佬、音乐人与作者，这些具有影响力的创作人，他们的个性、背景、

人生故事以及梦想的实践历程，点燃生命的花火，带来美学、音乐、创作上的美好；他们的故事，将给你启发与热能，献给所有怀抱梦想的你。

赏析

本案是为典型的“榜样励志书”撰写的一则文案，“榜样”集看点、卖点于一身，此类文案则需化零为整，将各位榜样设定的不同励志点聚合为一个更有覆盖性的主题上，否则，同为榜样，“刘若英”跟“蔡康永”的励志点大不相同……为此，书名“我相信失败”即为榜样的统领—覆盖式主题，围绕它，失败、挫折、自信等成为母题之下的相关子题。

本案起始部分的三段分行句似诗非诗，它用“一无所有”与“拥有一切”的对比阐释青春，这阐释本身也暗含了该书预设读者的范围——那些机敏睿智的成熟读者应不再是出版者预设的核心读者……这些细微处，也提示出一种文本定位：依据文本定位对读者类型做出设定——与之呼应的，还有“他们的人生故事，也是怀抱着梦想的你的故事”这句，它将“他”与“你”前后置换，让榜样与预设读者经由人称的暗换，在假定中合二为一。

有肌理、有逻辑才有力量

《被淹没和被拯救的》作者简介文案

（上海三联 2013 版）

原文

普里莫·莱维（Primo Levi，1919—1987），意大利最重要的作家、化学家以及奥斯维辛 174517 号囚犯，这两种身份与经历建立了他写作的基础。莱维 1919 年出生于意大利都灵，1944 年因参与反法西斯运动被捕，后被遣送至奥斯维辛集中营。战争结束后，他回到故乡都灵生活。1987 年自杀身亡。他的作品曾被选入意大利语文教材，涉及诗歌、小说、回忆录等各个领域。著有《活在奥斯维辛》（*Survival in Auschwitz*）、《再度觉醒》（*The Reawakening*）、《缓刑时刻》（*Moments of Reprieve*）、《元素周期表》（*The Periodic Table*）、《如果不是现在，那么何时？》（*If Not Now, When?*）、《猴子的忧伤》（*The*

Monkey's Wrench）等。《被淹没和被拯救的》（*The Drowned and the Saved*）是他生前完成的最后一部著作。

赏析

与内容提要比，作者简介文案更易陷入套路，无论惜字如金，还是倚马千言，作者简历都不可虚构，但因此直接照搬作者履历表冒充敷衍成文，似也不妥——尽管它几乎就是“作者简介”文案编写的惯性……一个很糟糕的惯性。以此反观本案，工整完备外，可供参考学习的有两处：一是叙述肌理，一是细节甄选。

叙述肌理：文案起始处，编写者即开列出作者“作家”“化学家”“囚犯”三重身份，将这三重身份并置，强调作者人生的传奇，而这种传奇性，正是本案特质的特色之一——这种先总说、再分说的结构方法在说明文中很常见，在图书文案的编写中也很常见，其背后的逻辑关系、叙述肌理无非归纳和演绎：“总说”是归纳，“分说”即演绎，这当然也是小儿科常识，可你去写写试试？也是知易行难。

细节甄选：图书文案有字数之限，这种规定性，使得演绎或归纳之类的表达格外重要——精准的概括、简明的表述需要学习，需要训练，在文案中，那些鸡毛蒜皮的细节当然也是细节，但对文案而言，学会精准取舍，并非易事——本案选入的“174517号囚犯”、“1987年自杀”乃至“意大利语文教材”等，即属最为重要的细节，它旁证着作家的传奇，复现出命运的奇诡，细节选择得当，文辞表述得当，文案会更具量感——简洁才会有力量，有逻辑才会有力量。

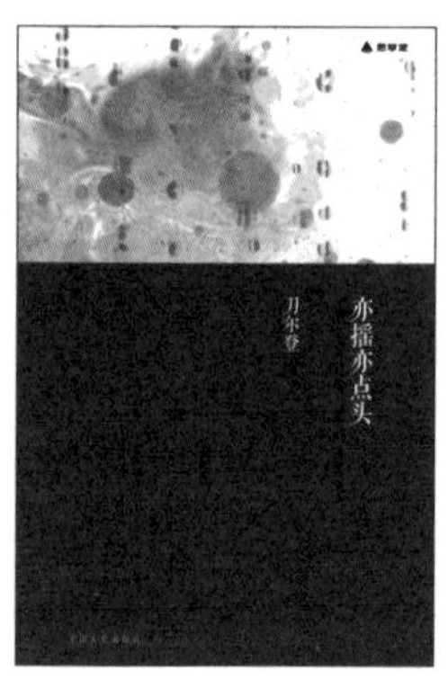

归纳是最好的服务

《亦摇亦点头》内容提要文案

（中国文史2015版）

原文

在刀尔登已经出版的书中，这本书最深切地披露了作者的个人经验。

刀尔登不教你怎样读书，他知道读书不是可以教出来的。对于刀尔登来说，每本书都如同一颗种子，在心中生根发芽，成长为一个问题。多年来，他就在这些问题的浸淫中度日。刀尔登认为每读一本书，只意味着我们有义务传递经验。每读一本书，我们便多了一些“已知的未知”——将精神世界的边际向前推进一寸，未知世界的规模便扩大了一尺。这是折磨,也是最令人着迷的地方。所以，他痴迷了几十年。

世界上没有一个爱好比爱读书更费时间。任何事情都有能做完的一天，但读书这件事永远做不完。

赏析

本案完全以间接叙事口吻完成，很特别。编者将作者的阅读意见、态度、心得和观念全部以第三人称口吻复述，这种间接叙事省略“因”直给“果”，接受者不用栽种樱桃树，直接就能吃樱桃……对读者而言，化繁为简、提纯提萃式的归纳是最贴心的信息服务。

本案叙述逻辑清晰明白：自“种子”，到“发芽”，再到“浸淫”,抵达始于“一寸”的“一尺”,最后得到“永远做不完”的那个美好绝望……逻辑整饬让文案充满力量，呈现出稳健密实的秩序感。

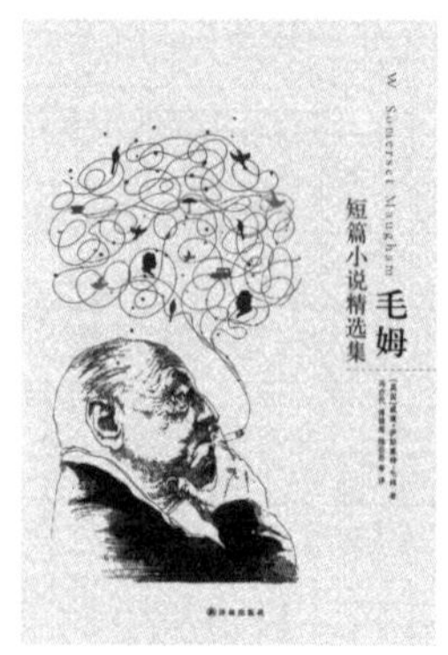

没态度的文案没实力

《毛姆短篇小说精选集》编辑推荐文案

（译林 2013 版）

原文

《毛姆短篇小说精选集》甄选毛姆具有代表性短篇小说 23 部，特别收录陆谷孙、董桥译事心得。超越时代的最强译者阵容，冯亦代、傅惟慈、冯涛、翁如琏、李燕乔、郑庆芝、屠珍、贺广贤、王升印、恺蒂、汤伟、梅绍武、叶念先、黄昱宁、陆谷孙倾情迻译。

赏析

编辑推荐文案并非图书文案必选，不过，在信息井喷、负荷超载的语境中，作为主文案的补充，编辑推荐文案已开始成为更具说服力、亲和力的文案样式，标配文案内容提要、作者简介像官指，责编推荐文案、名家推荐文案像私教，编辑推荐文案则有点像晒娃——表述角度可相对自由、随意，更易于展现编辑个性。

本案书写采用断其一指法——编者将毛姆、毛姆作品预设为读者已知项，在此预设前提下，文案重点推介选本译者阵容，对毛姆这类进入公版期作家、作品而言，豪华译者 + 精选集这两项，极具号召力——它来自实力译家的文化影响力，来自集合这些文化影响力的眼光——而说到底，这种“集合”的眼光来自出版者的文化判断、文化态度……无判断、无态度的文案没实力。

本案当然也在挑选读者，其豪华译者 + 精选集的高配，基本等于“毛姆迷专属标配读本”——他们被编辑预设为最挑剔的一群：开本、版本、纸张、版式之外，译者更是务求译著等身、译笔一流……用译者反选读者，也是精品类图书最常见的市场策略。

用一根线把珠子串起来

《此处游泳，既不安全也不舒适》内容提要文案

（南海 2016 版）

原文

《此处游泳，既不安全也不舒适》是江国香织小说集，含《神之舟》《流理台下的骨头》两则长篇小说及短篇小说集《此处游泳，既不安全也不舒适》。

《神之舟》中，叶子经历一场刻骨铭心的恋情，带着女儿离开丈夫家，到处流浪，想再次遇到那个从生命中消失的人。精灵聪慧的女儿能否帮乘上“神之舟”的妈妈回到现实的地面上？

《流理台下的骨头》中，稳重顽固的大姐素代，古怪多情的二姐岛子，年纪小小却性格老成的弟弟律，诗人般的母亲，循规蹈矩的父亲，以及习惯半夜散步的主人公琴子，这一家人会发生哪些奇妙又充满幸福的故事？

《此处游泳，既不安全也不舒适》中，十个故事的主人公都沉浸在生命中如蜜般的瞬间。人生就像游泳，不可能既安全又舒适，她们又会有怎样多姿多彩又不可思议的际遇？

赏析

为短篇小说集编写内容提要的难度较高，编写者要在篇幅有限的提要文案中，整合多篇故事、多类情节、多组人物、多样风格、不同调性的作品，还要呈现单篇的个性与韵致，要看出是一桌菜，也要吃出是一盘菜。

本案编写选用分列式结构，它以书中所收不同短篇的篇名切入，分头简述归纳，与集名同名的短篇的简述被放在分列介绍最后，这种位序安排恰合收束之意，用最为特别的一篇完成总括：书中所收各类短篇虽故事千差万别，但均可折射江国香织作品的核心诉求：热恋中，人人期待安全和传奇，可在现实生活中，安全常常乏味，传奇自多风险……这个归纳将此前的分列、分叙巧妙收拢，像用一根线把一颗颗珠子串起来。

侧面描写力避失焦

《牡蛎男孩忧郁之死》内容提要文案

（时代文艺 2011 版）

原文

好莱坞著名导演蒂姆·伯顿唯一一本图文故事集

你一生灾难之总和，也比不上本书的荒谬与悲惨

黑暗奇幻的狂想，悲惨绝伦的童话

23 个古怪角色联手上演惨绝人寰、痛彻心扉的故事

剪刀手爱德华、僵尸新娘……蒂姆·伯顿的电影原型，都在本书中

赏析

本书作者为好莱坞著名导演，个性张扬，人生奔放，因而本案编者放弃正面强攻的惯常套路，选用侧面描

写入手的技法，变平铺直叙为点线围观，变直陈其事为间接描写，聪明。

间接描写并非易事，难点是，它很容易让文案因"间接"而失焦,让接受者因太多不确定直接放弃阅读。有时候，不确定是文案的救命草，可有时候，又是致命伤——当间接式表述过于主观、全无语境、全无针对性时，传播效果归零……文案选间接叙事时，对此尤需警惕。

以这一标准衡量，本案头三个分行段虚焦，还好，四、五两个分行段文案抛出原型实证作为注脚，给这则几近全部虚焦的文案画上了一个踏实的句号——原来，作者的这本文字书是他艺术创作的原型大本营，那些栩栩如生的人物在本书中还只是一棵幼苗，在读者的阅读中，它们才会抽枝展叶，慢慢长大。

互文向心，细节合力

《平如美棠——我俩的故事》双文案

（广西师大 2013 版）

原文

内容提要文案

这是饶平如一生的故事。

他不是一个想打仗的人，但他还是义无反顾去打仗了。又因为和美棠在一起，他最终厌倦了战争，想要回家。

六十年的相守历尽坎坷，命运让他们长久分离。好容易最后又在一起了，美棠却身患重病且渐渐失去记忆。

平如推掉了所有工作，全身心照顾妻子。每天 5 点起床，给她梳头、洗脸、烧饭、做腹部透析，每天 4 次，消毒、口罩、接管、接倒腹水，还要打胰岛素、做记录，他不放心别人帮。

美棠在病痛中渐渐不再配合，不时动手拔身上的管子。耳朵不好，看字也不清楚了，平如就画这画劝她不要拉管子，但画也不管用，只能晚上不睡一整夜看着她，毕竟岁数大了，不能每天如此，还是只能绑住她的手。“她叫‘别绑我’，我听到很难过，怎么办……很痛苦。”

美棠犯糊涂越来越严重，有一天称丈夫将自己的孙女藏了起来，不让她见，平如怎么说她都不信。他已经八十多岁，坐在地上，号啕大哭。

她看着他哭，像看不见一样。

他们一生坎坷，到了暮年才有一个安定的居所，但是老病相催，她却已经到了生命的尽头。

当美棠最终离开后，平如画下了他和美棠的故事，留下了关于她和他们的最美好的回忆。

柴静曾在节目中问老爷爷：“您已经90岁了。难道这么长时间，没有把这个东西磨平了，磨淡了？”老爷爷回答说：“磨平？怎么讲能磨得平呢？爱这个世界是很久的，这个是永远的事情。”

老爷爷还说：如果能够年光倒流的话，我宁愿再回到从前那一段比较艰苦的时代，两个人相守。

这是普通人自己的故事。

只有如此平凡而美好的东西才能拥有长久的感动力量！

作者简介文案

87 岁时，饶老先生患有老年痴呆症的妻子美棠去世。那之后有半年时间，他无以排遣，每日睡前醒后，都是难过，只好去他俩曾经去过的地方、结婚的地方，到处坐坐看看，聊以安慰。后来终于决定画下他俩的故事，他觉得死是没有办法的事，但画下来的时候，人还能存在。

于是，他一笔一笔，从美棠童年画起……就这样亲手构建和存留下了一个普通中国家庭的记忆，也记录下了中国人最美、最好的精神世界。

赏析

本案以讲故事的方法展开记叙——内容提要主讲文本故事，作者简介主讲作者故事，虽各有侧重，可二者所讲述的，其实是同一个故事……这种异文互补的文案编写，构建出奇异的互文感。

用文案讲故事的难点在于讲述对象的虚拟化——面对空无，文案编写者要从“很久很久以前”，一直讲述到“从此过上幸福的生活”，要全神贯注，还要精神饱满、津津有味。

本案对文本的认知、分析和体悟尤见编者功力，其可供参考学习处有两点：

一是字斟句酌，选词精心。“他不放心别人帮”句中的“不放心”，“怎么讲能磨得平呢”句中一连串温和反问，都是编撰者细心地挑选，小心地铺垫。

二是针脚细密，细节累加。本案讲述故事注重细节，随着细细密密细节的累积，案中所述故事的情感浓度也逐渐浓厚，读者逐渐进入故事的规定情境——其中诸如梳头、洗脸、烧饭、透析、消毒、口罩、接管等细节聚合到一起，使故事场景渐次复现于读者的想象之中，也让作者一己的平凡往事经由词语和细节的合力，调动读者的共情：悲欢离合，悲喜交集。

文字之外，作者的绘画作品也是该书内容组成要件。本案“内容提要”部分侧重讲述作者“爱的一生”，“作者简介”部分侧重讲述作者“画的一生”，两案各有侧重，彼此照应。

先讲清故事，再渲染气质

《史迈利的告别》内容提要文案

（上海人民 2016 版）

原文

《史迈利的告别》是一部洋溢着回忆忧伤的间谍小说。

“我们的理想是自由，但为了这个目标我们已经放弃了太多的自由。”

柏林墙被推倒，一个时代就此完结。即将退休的英国情报官员内德邀请自己的导师史迈利为年轻的学员们演讲。伴随着史迈利的讲述，内德也陷入了记忆中……胜利时的意气风发、危急时的扣人心弦早已淡漠，失败后的消沉与被背叛的痛楚却久久无法抹除。

我们打败了对手，却只剩下人性的残缺。

赏析

本案中的引用部分给人印象深刻，第二句是直接引用，末句是间接引用，这些引用好比零售业中的试吃、试穿——让读者自行体验……我的经验是，编写文案时，“引用修辞”可列入默认修辞，精确选择后的直给，比大而无当、不得要领的间接叙事、归纳复述、评价修辞等更可靠。

本案气氛营造到位：“为了自由而放弃更多自由”“打败对手留下残缺”——一首一尾的两句感喟，比照文本中演讲主题、回忆主题的双线推进，让本案弥漫着浓郁的顿挫气息——经由文案文字组合拼贴，清晰准确地传递给读者。为非虚构文本撰写文案能做到清晰明确已属及格，本案竟同时兼顾传递小说气氛、气韵、气质、调性，高级。

合力安利是最好的导引

《灯塔》双文案
（北京联合 2016 版）

原文

内容提要文案

茫茫大海上的一座灯塔里，住着一位畸形怪人。因为相貌丑陋，他自出生起就被藏在塔中，与世隔绝地生活了五十年。父母留下的旧词典，是他认识外界的唯一窗口，在每个孤独的夜晚，点亮他想象中的世界。当他闭上眼睛、用手随意指向一个单词时，那些荒诞离奇的画面便接踵而来……

直到有一天，渔船上新来了一位沉默寡言的水手，他用自己别样的方式，轻轻敲开了怪人心底紧锁的大门……

编辑推荐文案

这是一部探索现代人内在情感的图像小说，引导读者直面人生中的种种精神困境。故事讲述了一个被父母之爱所“禁闭”、只能靠想象力生活的畸形怪人，渐渐在词典的语言碎片和无名水手的帮助下，找到了真正属于他自己的人生。作品以独特的“慢镜头”叙事方法勾勒出人性中的美丑、孤独、胆怯、恐惧……具有极深的哲学意义和艺术价值。

提示：此书中的空白页为特殊设计，它寓意着一段故事的落幕，另一段故事的开始。

希望《灯塔》能为身处浮躁社会的我们，寻得一盏明净的灯光，照亮那被遗忘的自信、善心和勇气。也许，这里会成为你下一个独自出航的港口，夜色庇护，此处独明。

《灯塔》是 2009 年安古兰国际漫画节入选作品，目前已有德语、日语、西班牙语、波兰语等多国语言版本。它在 2015 年 4 月还被法国话剧导演搬上戏剧舞台。

《灯塔》呈现了图像小说中独有的慢镜头叙事手法，用丰富的景别转换和对剪影、轮廓的细致描绘推进故事情节。同时，作品还巧妙捕捉了事物在各个角度呈现的情感意象，充满了神秘的哲学气质。

本书作者克里斯多夫·夏布特是曾两次获得安古兰国际漫画节大奖的法国作家，画风干净有力又不失细腻。

他曾改编过阿蒂尔·兰波、赫尔曼·梅尔维尔和杰克·伦敦等文学家的经典作品，被业界誉为“漫画家中的诗人”。其中，他根据美国著名现实主义作家杰克·伦敦的短篇小说《生火》改编的同名漫画，也即将由后浪出版公司出版，敬请关注。

赏析

该书为成人漫画类产品，这个类别的图书选题不常见，常叫好不叫座乃至既不叫好，也不叫座。针对这一状况，本案以内容提要文案 + 编辑推荐文案的组合呈现，希望借助合力，化解产品品类上的陌生感。

本案（内容提要文案、编辑推荐文案）中，内容提要侧重文本价值描述，编辑推荐侧重阅读价值描述，各有侧重……这种互补式组合，将该书繁多信息编排出清晰的价值列表，供读者参考。

此外，“编辑推荐”还特别选用科普短文的叙事方式，安利“图像小说”“留白价值”“慢镜头叙事”等专业概念，降解成人漫画类作品的基础障碍，为追新求异、乐于探索的读者提供丰富信息，贴心之至。

用速溶咖啡配比手磨咖啡

《月光落在左手上》作者简介文案

（广西师大 2015 版）

原文

余秀华，1976 年生，湖北钟祥市石牌镇横店村村民。因出生时倒产、缺氧而造成脑瘫，致使行动不便，高中毕业后赋闲在家。2009 年开始写诗。《诗刊》编辑刘年在她的博客上发现了她的诗，惊艳于诗中深刻的生命体验、痛感，于 2014 年第九期刊发了她的诗，之后《诗刊》微信号又从中选发了几首。农民，残疾人，诗人，三种标签引爆了公众对她的热议，然而余秀华说："我希望我写出的诗歌只是余秀华的，而不是脑瘫者余秀华，或者农民余秀华的。"

赏析

本案条分缕析，作者身份的多重性被表述得清清爽爽，呼应诗人作品的朴白，本案文字郑重而朴实，无夸饰，少形容，力避花哨、浓艳、油腻、浮夸，体现出编写者的文字敏感和修辞修养——它来源于对所编图书作者、文本的敏锐体察，唯其如此，才可能让文案成品与作者风格、文本调性接近，打比方说：当作者风格、文本风格是手磨咖啡时，编写者至少把文案写成一杯速溶。

介绍作者往事部分，本案编写者特别提及余秀华的发现者编辑刘年——这个不掠美细节未必非要拔高至职业操守高度，可作为同行，看见这样的涵养、人品细节，心头也暖。

历险者寻找探险者

《诗60首》内容提要文案

（台湾夏宇2011版）

原文

我迟迟找不到诗集的名字
迟迟无法定稿最后我决定
目录上的诗每一首都可以
拿来当做诗集的名字而据
以形成的每一种解读都可
以成立可以悬置可以偏离
是向心的也是离心的只要
一行或是每几行的错落浮
现只要你愿意甚至每一首
甚至全部我把所有的字都
埋起来埋在表面你的注视

你的呼吸和你的手指会告
诉你这些诗会带你去什么
地方我是盲目的但你不是
——夏宇

赏析

中国当代诗人中，夏宇的诗歌作品神秘而小众，其诗作重在诗艺探求，对诗作内在、外在形式的探索极具实验性，大至诗歌主题现代性，小至装帧排版的建筑美，都在其诗艺探究范畴。为此，本案文字排列的风格化其实已将诗人诗作实验精神巧妙外化，成为所谓先锋性的视觉呼应，直观可见，一箭双雕：

一雕：它以文案的先锋性暗示读者——当文案排列成整整齐齐一块“豆腐干”后，它其实已用自身的反常规视觉呈现暗示读者“这不是一本常见的诗集”：第一遍读，先得断断句，第二遍读，大致把握文案核心诉求……当“诗无定解”（我是盲目的但你不是）的诗歌观念浮出时，读者或才体验到本案新奇外表内裹藏的，是诗人与读者交互生成的一场基于诗歌观的对话：我盲目，您随意。

二雕：它以文案的探索性反选读者——坦率讲，

本案在图书文案中非常少见，为了贴紧文本的先锋性，文案文体也选择了先锋体，它当然会吓跑一些读者，但同时也选定一些读者——那些完全不接纳文字探险、诗歌冒险、文学历险的读者，那些瞭一眼文案丈二和尚摸不着头脑的读者逃走，留下的会奋力入坑——历险的作者找到探险的读者。

变争议为赞誉

《让·科克托》内容提要文案

（法国伽里玛 2003 版）

原文

（本案出处 https://book.douban.com/subject/2979438/）

为纪念科克托，法国出版了不少有关科克托的图书，其中比较重要的是克罗德·阿尔诺（Claude Arnaud）的传记《让·科克托》（*Jean Cocteau*，伽里玛出版社，864 页），它被《读书》杂志评为当年 20 种最佳图书之一。这本传记抓住了科克托作为一个人和一个不断探索的艺术家的特点，揭示了他的心路历程、创作热情、生存困难。

传记题作《不仅讨厌，简直可恶，鲜有人读，不被理解的诗人》。

赏析

传主生平有争议——争议、争执或迷惑的交汇处，即本案切入点——既不偏于一说，也不纠结不休，仅以书题如实道出，让读者经过长题“令人讨厌、令人厌恶、不被理解”几个层次的“反感”，将传主的争议压缩呈现，简洁明确。

就一部传记而言，自传之外，传记的作者甚至比传记成品更为重要——因为没有天才的作者，天才只好继续默默无闻，被贴满误解的标签。就此而言，本案对作者的强调可谓独具慧眼——它选用法国《读书》杂志“当年 20 种最佳图书”作为对传记作者最大的肯定，没有他，争议难变传奇，更难散播四方。

以文会友，以情动人

《致D——情史》内容提要文案

（南京大学2010版）

Lettre à D.

致 D 情史

Histoire d'un amour

南京大学出版社

原文

2006年，一本只有七十五页的小书《致D》的问世在法国书界引起轰动。第二年，作者与其爱妻双双自杀，共赴黄泉。这段长达六十年的爱情故事的结局，让这本书在畅销书排行榜上的排名直线上升。

写书的人大概没有料到，这纯粹记述两人感情经历的爱情告白，其影响远远超过了他以往写过的任何一部著作，给读者，甚至是严肃的思想界的同行们带来巨大的冲击。书中呈现出来的作者的形象光辉，盖过了他以往的任何一种身份。唯有执子之手、与子偕老的这个“丈夫”形象，才长久地留在世人心中，成为永恒。也是这个形象，让我们记住了他的名字——安德烈·高兹（André Gorz，

1923—2007）。

《致 D》是高兹写给他妻子多莉娜（Dorine，1924—2007）的“情书”，也是他的最后一部作品——爱情的墓志铭。法国哲学家高兹用平实、朴素的语言向多莉娜回溯这段刻骨铭心的情史。那时，他已经知道身患绝症的多莉娜医治无望，很有可能会先他而去。面对缠绵病榻、体重只剩四十五公斤、身高缩短了六厘米、在他眼里“依然美丽、依然优雅、魅力无穷”的妻子，他感到了比以往任何时候都要强烈的爱，以至抑制不住要给她写信的狂热欲望。他要告诉她自己是多么爱她，多么后悔没有更多地向她诉说自己的无限深情，没有更早地表白人世间这可遇而不可求的真爱，他说要用这封信重新组构爱情的历史，为的是把握它的全部意义。他所以要写这封信，还是为着理解他经历过的，也就是和妻子共同经历过的一切……

高兹和多莉娜最后双双弃世的决定是最自然不过的结果。高兹，已经看到爱人灵柩的男人，终于做出了最终的抉择：“我们都不希望我们两人中的一个在另一个死后继续活着。”高兹最后选择的不是哲学家的选择，他说为爱而死是唯一不能用哲学解释的观念，当爱成为两个人在身体和精神上发生共鸣的方式时，就已经超越了哲学。（摘自杜小真《哲学不能解释之爱》）

赏析

本案首段简述事实，让一对离世夫妻在文案中重新自杀一次……畅销常与死亡相伴，可并非所有逝去的生命一律广为人知或一定畅销，本案分寸拿捏精准，主要体现在，它只白描事实，力避夸张渲染，以一种克制的口吻复述一桩骇人听闻的告别。

引用为本案主要修辞手法，除引用作者语外，本案还援引专家（杜小真）观点（直接引用），作者生命感喟、感悟（间接引用）……多重引用生成的互文信息组合在一起，成为编者对“高兹情史”的大众传播维度的重构，这种重构本身也是对该书内容的提萃和概括。

本案字里行间蕴含深情——一种持重内敛、轻声细语般的抒发：在“让我们记住了他的名字”一句背后有敬意，在“已经看到爱人灵柩的男人，终于做出了最终的抉择”一句背后有叹息，以情敬友，以情动人。

见微知著，以小写大

《人类简史》内容提要文案

（中信 2014 版）

原文

《人类简史：从动物到上帝》是以色列新锐历史学家的一部重磅作品。从十万年前有生命迹象开始到 21 世纪资本、科技交织的人类发展史。十万年前，地球上至少有六个人种，为何今天却只剩下了我们自己？我们曾经只是非洲角落一个毫不起眼的族群，对地球上生态的影响力和萤火虫、猩猩或者水母相差无几。为何我们能登上生物链的顶端，最终成为地球的主宰？

从认知革命、农业革命到科学革命，我们真的了解自己吗？我们过得更加快乐吗？我们知道金钱和宗教从何而来，为何产生吗？人类创建的帝国为何一个个衰亡又兴起？为什么地球上几乎每一个社会都有男尊女卑的观念？

为何一神教成为最为广泛接受的宗教？科学和资本主义如何成为现代社会最重要的信条？厘清影响人类发展的重大脉络，挖掘人类文化、宗教、法律、国家、信贷等产生的根源。这是一部宏大的人类简史，更见微知著、以小写大，让人类重新审视自己。

赏析

本案首段视野全开，从俯瞰万物的上帝视角，到微茫细密的萤火虫、猩猩、水母视角，快速转换的落差背后藏着时间的逻辑推力，绵韧悠长。

第二段叙事落笔微观，全段以设问—排比句组成，气势夺人，以小见大，见微知著，省思今昔——我们真的了解自己吗?

在一些片面深刻的文章学里，排比句位居修辞鄙视链底端，但正如恁多鄙视鸡汤文化的大咖私下反而尤爱鸡汤一样，对某种修辞格的刻板认知、习惯性厌恶本身，其实是另一种刻板——一种反刻板的刻板，以本案为例，这种将各种未知以排比句式串联呈现，引发阅读者警醒、省思的文案，立意清晰明确，效果显著，案末句“见微知著、以小写大”8个字的收束，已将多段散问串联成整体。

用陌生化引导好奇心

《禅与摩托车维修艺术》内容提要文案

（重庆 2011 版）

原文

在一个炎热的夏天，父子两人和约翰夫妇骑摩托车从明尼苏达到加州，跨越美国大陆，旅行的过程与一个青年斐德洛研修科学技术与西方经典，寻求自我的解脱，以及探寻生命的意义的过程相互穿插。一路上父亲以一场哲学肖陶扩的形式，将见到的自然景色，野外露营的经历，夜晚旅店的谈话，机车修护技术等日常生活与西方从苏格拉底以来的理性哲学的深入浅出的阐述与评论相结合，进行了对形而上学传统的主客体二元论的反思，以及对科学与艺术，知识与价值，古典主义与浪漫主义，精神与物质，机械论与神秘主义，西方与东方等西方二分法划分下的事物间的关系的思考。并潜入自己的过去，探寻在现代文明下自己精神的分裂的起源，完成了一次自我心灵与人类文明的探索。

赏析

本案特点有三，一是讲故事，一是陌生化，一是落差感：全案从“故事”起笔，将“哲学肖陶扩”“二元论的反思”“机械论与神秘主义”等陌生范畴套嵌在故事的讲述中，形而下与形而上且并置，且对比，逗引读者的好奇心与探究欲。

本案的实际传播效果无从考证——也许这种文案对探索欲强烈、求知欲旺盛的读者更具诱惑力，而对那些贪图方便、疏于探究的读者则多半无效？也不一定。非刚需阅读像一道谜题，永无标准答案。

经由文案找到读者，并非缘木求鱼，但更为基本的文案诉求，是传递文本要义、特质，从这个角度看，本案“日常”（物质生活）与“非常”（精神生活）的比照精确传达了原书特点，文本“谜题”匿于案内，期待知音相遇。

面积小，压强大

《天真的人类学家》内容提要文案

（上海人民 2003 版）

原文

本书的独特之处在于以一种学术作品罕见的软性触角，以一种英国式幽默风趣的笔调彻底摧毁了田野工作的美丽幻想，将隐匿于严肃人类学专著背后的鲜活经历与感触一一呈现给读者。

赏析

本案属如今很少见到的极短文案，短小精悍中层级清楚：

一是字数少。全案不足 100 字，在动辄过千的图书文案趋势里，百字以内的“短”已属极致。

二是语感跳。它用一个极短句，完成归纳，在它背后，有编者的自信：表达的自信——与那种动辄在封面并列七八个标题的刊物比，那种只在封面上标示一个标题的杂志更自信，不给多选，只给唯一——你最需要的就是它——要说傲娇，这才是吧。

三是传播快。相比烦琐、冗长信息，简短明确的信息传播效果更佳，传播链条也更短平快，而从接受效果看，简洁明确、短小精悍文案的传播—影响效果未必寡淡——物理老师当年语重心长地讲过：面积小，压强大。

文字量≠信息量

《带着鲑鱼去旅行》内容提要文案

（广西师大 2004 版）

原文

本书是艾柯的一些专栏文章的集成册子，通过作者对于生活中的戏谑、挑衅、怪诞、极智，艾柯对我们从未想过的问题予以解答，又对我们已视为常识的问题之答案进行质疑。《带着鲑鱼去旅行》以艾柯一贯的横溢才华，游走于无用、有趣和出人意料之间。本书并非所有篇目都是仿讽之作，其中也有说教意图的文章。

赏析

本案篇幅短小，比对多个版本的同书文案后发现，文案长短与信息密度并非正相关，艾柯被称为百科全书式作家，为这样一位作家的作品写出个超长规模文案似不为过，但文案要义虽与学术相关，却不等于学术论文，以是观之，更觉本案珍贵：断其一指知易行难，自信垫底，方可实现。

“断其一指”当然不是要将丰富性、争议性乃至前卫性“断”成一杯白开水，本案的策略是以简蕴繁，以点代面，用戏谑、挑衅、怪诞、极智等关键词浓缩艾柯的丰赡与富饶，让艾柯随笔中细密的俏皮、精致的反叛、丰富的讥刺压缩于四个维度，带领读者“游走于无用、有趣和出人意料之间”。

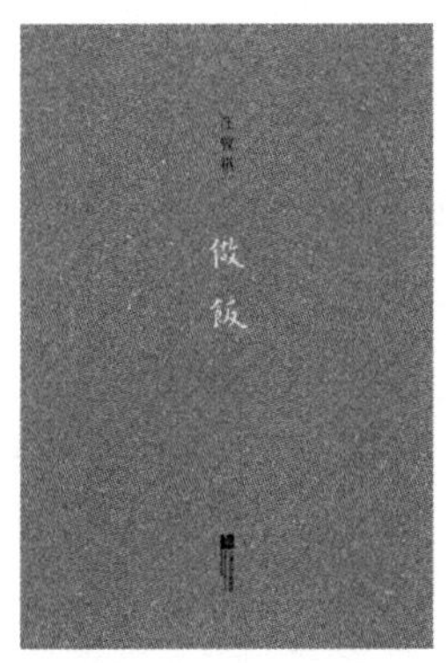

精准的判断一句就够

《做饭》内容提要文案

（江苏文艺 2013 版）

原文

汪曾祺是一位把口腹之欲和高雅文化之间的距离拉得最近的人，他自称喜欢逛菜市场：“到了一个新地方，有人爱逛百货公司，有人爱逛书店，我宁可去逛逛菜市。看看生鸡活鸭、新鲜水灵的瓜菜、彤红的辣椒，热热闹闹，挨挨挤挤，让人感到一种生之乐趣。”

本书是最全的一本汪曾祺谈吃的美文集，收入的汪曾祺书画和汪曾祺细腻冲淡的美文相得益彰，借汪曾祺美文以成美书，以飨读者。

赏析

本案的主要特点是直接引用，案首那个判断句简明扼要，像一架引桥，用作者生活态度与文化态度的融汇，导引出作者的生活—生命哲学：吃乃生之乐趣，以此趣观万物，生鸡活鸭、水灵瓜菜的审美价值、哲学价值远超菜价……判断精准，一句了然。

本案精短，案中所引内容平易清简，它本身顺带映射出作家的生活哲学……在图书文案越写越长的潮流里，举办诸如短文案大赛之类的业务竞技看来很有必要。超长文案未必佳，但敢用超短文案“一言以蔽之”者，更多自信。

没种没料，越长越臭

《南希外传》内容提要文案

（世界知识 1991 版）

原文

本书披露了美国前总统里根夫人南希私生活的种种秘闻，还描述了里根入主白宫后，南希如何在幕后操纵、指挥，从而插手美国政府的内政、外交等情形。

《纽约时报》《新闻周刊》的自由撰稿人基蒂·凯利在 7 次写信给里根夫人南希均未获答复后，在遍访南希的朋友、熟人、亲戚、同学、演员同事、邻居、雇员后，在累计电话采访达 1002 次之后，才敢落笔写出《南希外传》的第一段：

“在南希·里根的出生证明里，只有两项是正确的——性别和肤色。其他各项几乎全是编造的。实际上，这份出生证明本身就制造了两代人的谎言。”

赏析

本案三段,首段中规中矩,起笔自外传之“外”切入,细节铺陈自小而大,点明本书“外传”之外,是私生活,干净利落,坦白坦荡。

二段侧重作者简介,强调本书作者调查记者的职业严谨。这个抽象、专业的职业属性被段中“采访类别”“采访次数”等细节化解:用事实说话是传记作者安身立命之本,不可儿戏。

本案为1991初版文案,此后十数年间,伴随行业生态之变,文案越写越长,其中很多“长”实在是既臭且长,读者该怎样忍受那越来越多、又水又瘪、又臭又长的啰唆?

用专业细节赢得信任

《浮生六记》内容提要文案

（人民文学 1999 版）

原文

这是一部自传体文学的作品，原书六卷，已逸其二，现仅存四卷（有所谓“足本”者，后二记系伪作）。书中记叙了作者夫妇间平凡的家居生活，坎坷际遇，和各地浪游闻见。文辞朴素，情感真挚，前人曾有“幽芳凄三角，读之心醉”的评语。本书文字不长，但向为文学爱好者和研究者所重视，影响广泛。

赏析

本案形制精短，寥寥数语中包藏丰富信息：它以括号方式表示插说——这一部分原本可写可不写，但编写者还是写了，顺带一提的“系伪作”等细节，随手给出个版本研判小知识，让读者对编者的专业产生信赖感……信任是图书推销最难营造、获取的一种认可（可参照本书 PP.86—102），求之不得。

本案文辞朴素，全案如一畦青菜，质朴亲切，案尾处引前人评语的 9 个字，文采斐然，精简扼要……信任要用专业细节换取，要用朴白朴素换来。

异位同构，欲辩忘言

《小团圆》内容提要文案

（北京十月文艺 2009 版）

原文

这是一个热情故事，我想表达出爱情的万转千回，完全幻灭了之后也还有点什么东西在。——张爱玲

《小团圆》以一贯嘲讽的细腻工笔，刻画出张爱玲最深知的人生素材，在她历史中过往来去的那些辛酸往事现实人物，于此处实现了历史的团圆。那余韵不尽的情感铺陈已臻炉火纯青之境，读来时时有被针扎人心的滋味，故事中男男女女的矛盾挣扎和颠倒迷乱，正映现了我们心底深处诸般复杂的情结。

赏析

本案由作者自述、编者简述两部分合成，自述部分是作者自释、自注，告知读者本书“余烬之温”的探究主旨，这一自述主旨与编者“情感余韵”的归纳彼此呼应，斗拱相辅，构建出一组作者、编者异位同构的表述效果，帮助读者理解文本“针扎人心”的熬煎感，微妙可感，惶然可触。

本案的另一有趣是，文案编者话风已然是对作者话风的仿拟：一样的克制，一样的生涩，一样的力避顺滑——最终仿拟出的这则文案成品既精粹，又简要，它深谙万千情爱真谛，像过来人的独白，碎碎念念，无视听者，无视时空沧桑，在一声声叨念咕哝中欲辩忘言，戛然而止。

集合文案

先有判断，才有文案

《1984》内容提要 集合文案

原文

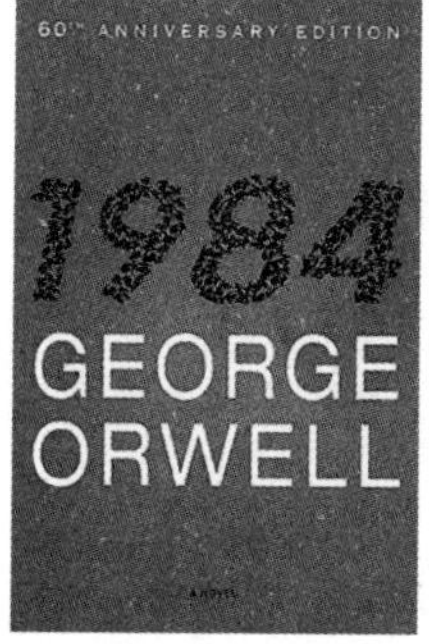

Plume1983版

Written in 1948, *1984* was George Orwell's chilling prophecy about the future. And while 1984 has come and gone, Orwell's narrative is more timely than ever. *1984* presents a "negative utopia, " that is at once a startling and haunting vision of the world — so powerful that it is completely convincing from start to finish. No one can deny the power of this novel, its hold on the imaginations of entire generations of readers, or the resiliency of its admonitions — a legacy that seems to grow, not lessen, with the passage of time.

（译文：《1984》是乔治·奥威尔于 1948 年所写的一本对于未来的预言书——随着 1984 年真的来到又过去，人们感受到他在书中的描写是多么及时，同时又多么令人不寒而栗。《1984》从一个惊人的角度来观察这个世界，营造出的“反乌托邦”从书的一开始到结尾都给人以强烈感受，令人久久萦绕于心头。没人能否定这本小说强大的影响力：无论是它对于当时社会温柔的苛责还是对于整整一代读者想象力的延续——随着时间的流逝，这无形的财产只会更加丰盈，而不会慢慢减少，被人淡忘。——黄佐思译）

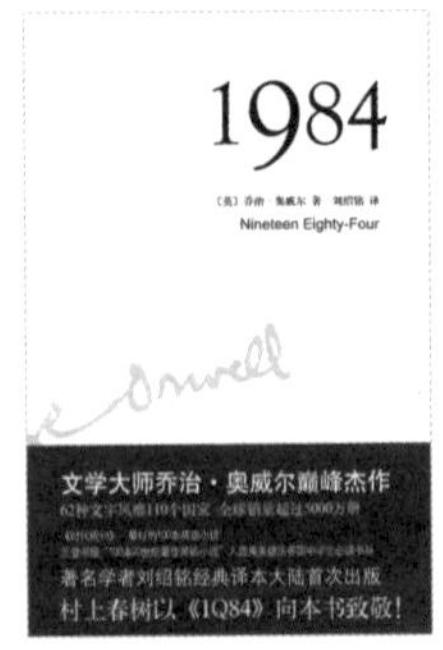

北京十月文艺 2010 版

《1984》是一部杰出的政治寓言小说，也是一部幻想小说。作品刻画了人类在极权主义社会的生存状态，有若一个永不退色的警示标签，警醒世人提防这种预想中的黑暗成为现实。历经几十年，其生命力益显强大，被誉为 20 世纪影响最为深远的文学经典之一。

1949 年 6 月，《1984》在英国出版并获得巨大成功，60 年来，《1984》对全世界产生了意义深远的影响，入选美国《时代周刊》“最好的100本英文小说”，英国《卫报》、兰登书屋“100本20世纪最佳英语小说”……英美法德多国将此书列为中学生必读书。此外，《1984》被改编成电影、电视剧、广播剧、舞台剧、音乐剧、网络版连环漫画，甚至还有一档红遍全世界的电视真人秀《老大哥》……英国调查表明，乔治·奥威尔仍是当今最受同行热爱的作家。

长江文艺 2010 版

在一个名为“大洋国”的极权统治的社会，党的四个部门分别命名为真理部、和谐部、仁爱部、富民部，然而这个国家拥有的只是虚假、战争、残忍和贫困。“电子屏幕”无处不在，24小时监视着人们的一举一动，连最私密的性生活也不例外。人们不允许有任何私人的爱好，只能热爱“老大哥”——这个国家的领导人。历史每天都在被伪造，所有不利于统治的历史记录都将被毁掉，记忆不再可靠，人们每天在仇恨中生活。全体人民处于完全监视

中国华侨 2011 版

之下，自由与思想是国中绝迹的珍品，屈从与无意识被训练成一种全民心态——这段绝妙的政治寓言让人不寒而栗：如果有一天这一切再重现。

中国画报 2011 版

在《1984（珍藏本）》里，奥威尔为我们展现了他惊人的想象力、伟大的创造力、深邃的洞察力，用他独有的风格和高超的技巧为我们描绘了一个泯灭亲情、爱情、人性的恐怖世界。书中描写了一个叫作“大洋国”的极权统治社会，在那里，人性遭到扼杀，自由遭到剥夺，思想受到钳制，生活极度贫乏、单调。历史每天都在被伪造，所有不利于统治的历史记录都将被毁掉，记忆不再可靠，人们每天在仇恨中生活。人性也堕落到不分是非善恶的程度。虽然书中描述的是对极权主义恶性发展的预言，但是却让每一个经历或熟知该类历史事件的人看过《1984》后都会产生一种触目惊心的契合感。书中刻画的人类生存状态，仿佛一个永不褪色的警世标签，警醒世人提防这种预想中的黑暗成为现实。

《1984》描写了未来社会即1984年大洋国一个普通人的日常生活。在大洋国，权力高度集中在“党”英社的手中，到处张贴着党的领袖老大哥的画像，几乎到处都安有电子屏幕，思想警察神出鬼没，人们主要指党员，无时无刻不在被监视、被监听，连自由地思想都是一种罪。主人公温斯顿·史密斯在真理部从事篡改历史的工作，他对所处的社会和老大哥渐渐地产生了怀疑，在与另一名党员朱莉雅秘密恋爱后，逐渐成为思想犯，被思想警察逮捕……全书文笔犀利冷峻，以惊人的敏锐洞察力、严密的逻辑推理和丰富的想象力刻画了未来极权主义社会的面貌，警醒世人提防这种预想中的黑暗成为现实。

江苏文艺2013版

赏析

上列《1984》文案6种，其时间跨度自1983年至2013年，有30年之隔，这个不小的时间跨度给文案打上了岁月痕迹，回过头看，惊觉先行者未必愚钝，后来人也未必睿智，距今较近的文案编写未必超越30年前的同行，甚而反是不如，也不奇怪。俗话说，今是昨非，可真就“今非昨是”？也是寻常。

切入角度的差异化是比对上列 6 版文案后最大的发现：北京十月文艺版从《1984》寓言小说、幻想小说特色切入；长江文艺版从《1984》传播史角度切入，把内容简介写成一个轻巧版《1984》传播史；中国画报版从《1984》想象力、创造力、洞察力三力合一价值点切入；Plume 版从《1984》影响力角度切入；江苏文艺版、中国华侨版两版均从《1984》故事情节角度切入，不同的是，江苏文艺版以温斯顿·史密斯的视角复述故事，中国华侨版则以全知型叙事讲述情节大要。此 6 版内容提要给人的启示是，文案的切入角度常常就是文案的重点，“横看成岭侧成峰，远近高低各不同”——这妇孺皆知的诗句刚好表达了文案角度选择之别，侧重之妙。

上列 6 版文案的相同点是，它们同样选择断其一指的写法。出版者不同，编写者对文本理解各有千秋，但《1984》“世界文学经典”的定位却是 6 版编者共识，由此可知，作为修辞法，“断其一指”不仅适用于经典名著类图书文案，也几乎就是所有图书文案编写的叙事策略和修辞默认。当然，也要具体情况具体分析。经典名著知名度高，传播度广，基础信息总量大，“断其一指”外的部分，读者可自动唤醒已知；而新人新作的情形则相对复杂，对此全无考量，为新人新作编写文案也照猫画虎，上来先就“断其一指”，也会成为一种刻板，信息传播也很容易失去了针对性。真人秀中有“素人”概念，在镜头叙事中，导播对待名人和素人会采取完全不同的结构方式和修辞方法，俗话说，看人下菜碟，这话听起来多含贬义，但在文案实务操作中，却是常识。

由上，我们可将上列 6 版文案各自的“断其一指”分列如下：

Plume1983 版：侧重虚构作品思想锋芒的前瞻性，注目文学照亮现实的深远意义。北京十月文艺 2010 版：侧重虚构作品的政治寓言性，以此强调文学经典的当下价值。长江文艺 2010 版：侧重从传播学角度对《1984》给出评价，强调其传播价值和人文价值。中国华侨 2011 版：侧重故事简述，由大洋国的故事设定展开,帮助读者从彼“国”联想至此“国”、他“国”……而这本身，正是《1984》最为启人心智之处。中国画报 2011 版：侧重关键词解读，通过对亲情、爱情、人性、自由、思想、生活、集权、仇恨、历史、现实、人性等关键词的解读、剖陈，向读者传递《1984》所表达的深邃洞察力。江苏文艺 2013 版：侧重《1984》故事细节的分析，从“大洋国日常生活”，到主人公温斯顿·史密斯人设，点面组合，将小说故事设定与蕴含寓意并置呈现，一箭双雕。

综上分列比对，我们可得到的启示是：常言所谓“断其一指”修辞法内，最重要的是那个“断”，编写者对于作品没有独特的推断或判断，“断其一指”难免落空为盲人摸象式的囫囵。

不断修订，迭代升级

《引爆点》内容提要 集合文案

原文

中信 2006 版

这本书是《纽约客》杂志专职作家马尔科姆·格拉德威尔的一部才华横溢之作。他以社会上突如其来的流行风潮研究为切入点，从一个全新的角度探索了控制科学和营销模式。他认为，思想、行为、信息以及产品常常会像传染病暴发一样，迅速传播蔓延。正如一个病人就能引起一场全城流感；如果个别工作人员对顾客大打出手，或几位涂鸦爱好者管不住自己，也能在地铁里掀起一场犯罪浪潮；一位满意而归的顾客还能让新开张的餐馆座无虚席。这些现象均属“社会流行潮”，它爆发的那一刻，即达到临界水平的那一刻，就是一个引爆点。

格拉德威尔走访了宗教团体、成功的高科技公司以及全球最优秀的推销员，他在书中分析了几种有利于开创流行风潮的性格特征，剖析了种种极具感染力的事件，如各种风尚、吸烟现象、儿童电视、商业邮寄广告等，并阐明其背后的导火索。通过大量深具说明力的研究，揭示出发起流行潮并保持其势头的原则和方法。对于企业领袖、艺术家、思想者、设计师而言，这本书可以帮助你找到一种拓展影响、传播观念的全新思路。

《引爆点》可谓是一部智力历险记忆，妙趣横生，极富有感染力，让人充分感受到思想的魅力和愉悦。尤其重要的是，这本书如同一幅思维导航图，让人看到思维的一种新的拓展方式，并且相信，一个富有想象力的人只要能找准引爆点，就能打开一个充满惊喜的世界。

中信 2009 版

我们的世界看上去很坚固，但在《纽约客》怪才格拉德威尔的眼里，只要你找到那个点，轻轻一触，这个世界就会动起来：一位满意而归的顾客能让新开张的餐馆座无虚席，一位涂鸦爱好者能在地铁掀起犯罪浪潮，一位精明小伙传递的信息拉开了美国独立战争的序幕——这个看起来不起眼的点，却是任何人都不能忽视的引爆点。

《引爆点》是一本谈论怎样让产品发起流行潮的专门性著作。书中将产品爆发流行的现象归因为三种模式：个别人物法则、附着力因素及环境威力法则。个别人物法则是圈层营销或者说窄众营销的理论基础。作者在书中详细地指导了我们如何去寻找目标客户中的传播员、内行与推销员——那些有着非凡人际能力的人们。附着力因素解决的是项目应该怎样传递信息的问题。附着力因素首先告诉我们要在诸多卖点中提炼出高质量的信息，并寻找一种简单的信息包装方法，使信息变得不可抗拒。环境威力法则针对的是客户感知与项目期望表达的信息是否高度一致的问题。

《引爆点》是《纽约客》怪才格拉德威尔的一部才华横溢之作。他以社会上突如其来的流行潮为切入点，从全新角度探索了控制科学和营销模式。他认为，思想、行为、信息及产品常会像传染病暴发一样迅速传播。正如一个病人就能引起全城流感；几位涂鸦爱好者能在地铁掀起犯罪浪潮；一位满意而归的顾客还能让新开张的餐馆座无虚席；发起小规模流行的团队能

中信 2014 版

引发大规模流行风暴。这些现象均属“社会流行潮”，它达到临界水平并爆发的那一刻，就是一个“引爆点”。

格拉德威尔走访了宗教团体、成功的高科技公司以及全球最优秀的推销员，他分析了几种有利于开创流行潮的性格特征，剖析了种种极具感染力的事件，如各种风尚、吸烟现象、儿童电视节目、商业广告等，并阐明背后的导火索，揭示出引发流行并保持势头的原则和方法。这样的引爆点，正是你想成为出色的父母、市场部经理、政策制定者和生意人的秘诀所在！

赏析

上列《引爆点》内容提要文案 3 种，分别为 2006 版、2009 版、2014 版，同多异少，出自同一出版社。因为版本升级而适时翻新畅销书文案，是专业之责，也是对时间的敬畏：它给我们的启示有三：一是认知可进化——文案质量高低的决定要素是编写者对文本价值的评估，伴随时间迁延，编者认知当有提升；二是表述可优化——从上列 2006 版、2009 版、2014 版三版内容提要文案可见，每版文案编写者都对文案或多或少做出修订和调整，虽说小小文案并非旷世大作，但作为职业作业，随着时间之移不断修订完善既有文案，是对职业的尊重，是对读者的尊重；三是诉求可迭代——书的文本虽较少改变，但书的读者却一定会更新，想让十年之前的“点”“引爆”十年后的阅读需求，诉求点的迭代重述十分必要。

上列3版内容提要文案各有侧重：2006版的资讯充足饱满，2009版复述精当简要，2014版兼具2006版、2009版所长，只对文辞稍许整理……不过，详观3版文案细部，会发现其最大不同是文案中心诉求的暗移：2006版的中心诉求是“控制科学”与“营销模式”，2009版其中心诉求微调，变成了“引发流行潮的三大法则”，2014版的中心诉求与2006版相仿……这些微调或暗移的因由不得而知，可它证明，没有一劳永逸的文案——一本书不断加印，其文案可顺应阅读生态之变，为新一茬读者的趣味和需求做出修订和调整，为读者提供最具价值的信息组合。

上列《引爆点》3版文案字数都偏长，2006版550字，2009版390字，2014版370字……就内容提要文案属性而言，虽未必越短越好，但超长文案风险反而更大，尤其当我们从广告角度揣度文案时，超长文案常常费力不讨好。避免超长文案的办法有：1.优化表述，用最为得体的简短文字归纳文本价值；2.注重文案互文效应，将不同重点特点分解至作者简介、广告语、腰封文案、封四文案、视觉语文等不同文本分头呈现，避免一股脑塞进同一文案（薄皮大馅的饺子会让读者消化不良）；3. 适当拓宽预设读者群，向一个较为宽泛的读者群呈现文本内容和价值，化繁为简，化小众为大众。

横看竖看，重现险峰

《围城》内容提要 集合文案

原文

人民文学 1985 版

《围城》是钱锺书所著的长篇小说。第一版于 1947 年由上海晨光出版公司出版。1949 年之后，由于政治等方面的原因，本书长期无法在中国大陆和台湾重印，仅在香港出现过盗印本。1980 年由作者重新修订之后，在中国大陆地区由人民文学出版社刊印。此后作者又曾小幅修改过几次。《围城》自从出版以来，就受到许多人的推重。由于 1949 年后长期无法重印，这本书逐渐淡出人们的视野。1960 年代，旅美汉学家夏志清在《中国现代小说史》（*A History of Modern Chinese Fiction*）中对本书做出很高的评价，这才重新引起人们对它的关注。人们对它的评价一般集中在两方面，幽默的语言和对生活深刻的观察。从 1990 年代开始，也有人提出对本书的不同看法，认为这是一部被“拔高”的小说，并不是一部出色的作品。很多人认为这是一部幽默作品。除了各具特色的人物语言之外，作者夹叙其间的文字也显着机智与幽默。这是本书的一大特色。也有人认为这是作者卖弄文字，语言显得尖酸刻薄。但这一说法并不为大多数人接受。

天地图书 1997 版

钱锺书先生是中国现代著名文艺理论家、作家。在这本书里，钱锺书先生描写了现代中国某一部分社会、某一类人物。作者在写这类人时，没忘记他们是人类，只是人类，俱具有无毛两足动物的基本根性。书中的人物方鸿渐、赵辛楣、李梅亭、苏小姐……一个个栩栩如生，读来令人捧腹大笑，但全书的气氛，却包含着对人生的讽刺与伤感，令人回肠荡气。

人生是围城，婚姻是围城，冲进去了，就被生存的种种烦愁包围。《围城》是钱锺书撰写的一部“新《儒林外史》”。钱锺书以他洒脱幽默的文笔，描写了一群知识分子的生活百态。

克莱登大学哲学博士方鸿渐留学回国了。他是个没有用的人，在欧洲四年，转了三个学校，改了几回专业，生活散漫，学无所成。因为父亲和老丈人都伸手向他要学位证书，没有办法，只好从爱尔兰骗子手中买了这么个子虚乌有大学的假博士学位。他绝不愿意做这事，可是为了尽晚辈的孝心，搞份假文凭也是心安理得，只要今后自己决不以此招摇撞骗。他没有想到，老丈人已经将他的博士照片和游学履历大肆渲染地登在报刊上了，方鸿渐一下船，来到这个阔别4年又毫无变化的故土，便先见到这份报纸，不由得面红耳赤，十分难堪。

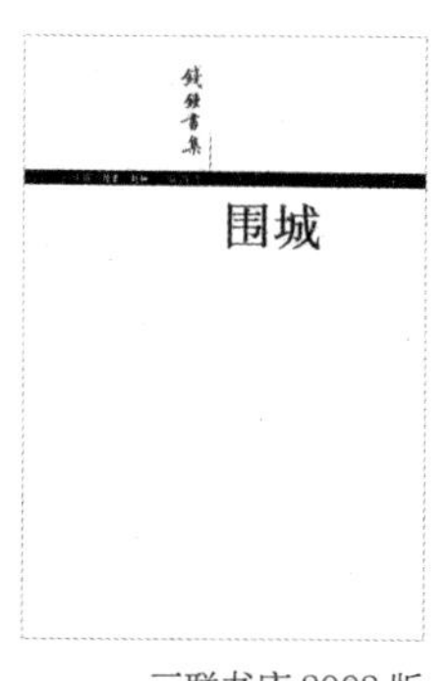

三联书店2002版

未婚妻和方鸿渐从未见过面，就撒手人寰。他蒙岳父大人资助得以负笈欧洲，所以回国后，先看望了岳父岳母，这才回到家乡见爹娘。他刚进家门，小报记者便闻风而至，摄下了方博士西服革履的仪态，使他成了县里大名鼎鼎的人物，提亲者更是踏破门槛。方鸿渐不喜欢这些土里土气又打扮时髦的女孩们，爱情在他心中仍是一片空白的领域。春暖花开的时候，方鸿渐拜访了和自己一起留学归来的女博士苏文纨。在苏文纨家，他结识了苏的表妹唐晓芙。她是个天真、直爽的大学生。方鸿渐对唐晓芙一见倾心，堕入了情网，可是苏文纨喜欢方鸿渐。方鸿渐不喜欢苏文纨的做作，但是他总不能狠下心来拒绝，怕伤害了苏小姐……

外研社 2003 版

"*The besieged city* is the most delightful and carefully wrought novel in modern chinese literature; it is perhaps also its greatest novel."

（译文：《围城》是中国现代文学作品中最精致和受人喜欢的一部，也可能是最伟大的一部。——黄佐思译）

人民文学 2012 版

《围城》是一幅栩栩如生的市井百态图，人生的酸甜苦辣千般滋味均在其中得到了淋漓尽致的体现。钱锺书先生将自己的语言天才并入极其渊博的知识，再添加上一些讽刺主义的幽默调料，以一书而定江山。《围城》显示给我们一个真正的聪明人是怎样看人生，又怎样用所有作家都必得使用的文字来表述自己的"观"和"感"的。

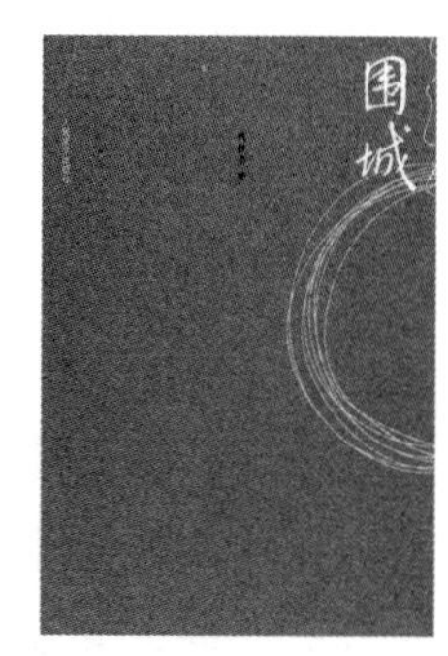
人民文学 2013 版

《围城》三十年来横贯常销畅销小说之首。《围城》是钱锺书唯一的一部长篇小说，堪称中国现当代长篇小说的经典。小说塑造了抗战开初一类知识分子的群像，生动反映了在国家特定时期，特殊人群的行为操守，以及困惑。从另一个角度记述了当时的情景、氛围。虽然有具体的历史背景，但这部小说揭示的只是人群的弱点，在今天依然能够引起人们的共鸣。第一版于 1947 年由上海晨光出版公司出版。《围城》是中国现代文学史上一部风格独特的讽刺小说。被誉为“新《儒林外史》”。

“围在城里的人想逃出来，城外的人想冲进去。对婚姻也罢，职业也罢，人生的愿望大都如此。”——杨绛

赏析

上列《围城》内容提要文案 6 种，时间跨度二十多年，其中 1985 版、2012 版、2013 版出自《围城》初版者人民文学出版社，其余各版各有其主，视角也随之更改……20 世纪 80 年代初，学者周振甫先生在《文章例话》（周振甫著，中国青年出版社，2007 版，P.20）

里曾提到过文本分析的“四看”法则，借用这一法则，比对上列6则文案，不同文案编写者的用心会更易把握：

一看大概主张：周先生的这一“看”强调宏观与微观之间的关系，落实到文本分析层面，就是强调文本分析时，先要看清文本主旨。这一提醒对非虚构类文本更为重要，而对小说之类的虚构作品而言，所谓“主张之看”会因文本的复杂性而难于实施——这是由虚构文本的多义性决定的——因而，要想准确把握虚构文本的大概主张，假使文案编写者对虚构文本写作、阅读全无经验，会比较困难。上列三联书店2002版、人民文学2013版不谋而合提取出《围城》中那段著名阐述，一是因为精辟，一是因为编写者对于书中的这段评价式感喟印象深刻：“围在城里的人想逃出来，城外的人想冲进去。对婚姻也罢，职业也罢，人生的愿望大都如此。”将出自杨绛先生的这段精辟解读化入文案，让这个精辟旁白直接呈现给读者，简捷直接，收效明显。随时间的流逝，小说《围城》主旨的能指部分已变得不再重要，而其所指却已成为一则深获共鸣的人生譬喻，令人警醒。

二看文势规模：周先生倡导的第二“看”，强调体裁与风格、体量与点面的关系。从这个角度考察本组文案，会发现，天地图书 1997 版、三联书店 2002 版两版文案虽修辞有别，但其核心诉求却高度近似：天地图书 1997 版着力于《围城》文势，三联书店 2002 版聚焦于《围城》规模，前者简笔勾勒《围城》诸人物，以点带面；后者重墨于假博士方鸿渐，以此切入“方鸿渐的朋友圈”，还原出“一群知识分子的生活百态”，此两版文案的启示是，没有对文势、规模的把握，没有丰富的虚构文本阅读经验，内容提要的复述常难得要领。

三看纲目关键：周先生的三“看”强调编写者对文本脉络、纲目的把握，文本分析时，了然纲目、把握文本的脉络和重点，编写出的文案才会详略有据。上列 6 则《围城》内容提要中，外研社 2003 版、人民文学 2012 版两版文案较短，2003 版《围城》文案短到只有一句引语（出自哥伦比亚大学的夏志清教授《中国现代小说史》），这个独立句后半句中的“perhaps”（或许）可谓神异，它的虚拟语态将前半句的“风趣”“用心”等判断推至“肯定的不确定”那样一种微妙状态——“肯定”的是研究者，“不确定”的是读者；2012 版《围城》文案以市井百态、人生酸甜苦辣、语言天才、渊博学识等为关键词，简要概括《围城》“一书定江山”重要性……此两版文案要言不烦、切中肯綮的成案效果，得益于编写者对小说纲目关键的准确把握。

四看策警句法：周先生的四“看”强调文本分析时对修辞细节的特别关照——哪些纵议人生的哀号里或可藏匿玄机？哪些面向虚无的长叹里居然另有乾坤？特别关照策警句法对文本分析非常重要，循此提示，反观人民文学1985版《围城》文案，会发现，它不仅将内容提要编写成了一则迷你版的“《围城》传播小史”，还着重提示读者在阅读小说时，可留意赏鉴《围城》警策辛辣的语言风格，该案甚至将“机智幽默”“卖弄尖酸”两种相互抵触的评价一并收入，引发读者的关注、讨论，这种专业化信息传播，这种将类学术争议直入文案的做法，在中国出版物文案中很难见到，它是对原著和作者才华的笃定，也是对读者智慧的尊重。

文本至上，顺时而动

《傅雷家书》内容提要 集合文案

原文

三联书店 1990 版

辑印在这本集子里的，不是普通的家书。傅雷在给傅聪的信里这样说："长篇累牍的给你写信，不是空唠叨，不是莫名其妙的 gossip，而是有好几种的作用的。第一，我的确把你当作一个讨论艺术，讨论音乐的对手；第二，极想激出你一些青年人的感想，让我做父亲的得些新鲜养料，同时也可以间接传布给别的青年；第三，借通信训练你的——不但是文笔，而尤其是你的思想；第四，我想时时刻刻，随处给你做个警钟，做面'忠实的镜子'，不论在做人方面，在生活细节方面，在艺术修养方面，在演奏姿态方面。"贯穿全部家书的情意，是要儿子知道国家的荣辱，艺术的尊严，能够用严态对待一切，做一个"德艺俱备、人格卓越的艺术家"。

香港三联书店
2006 版

《傅雷家书》是当代经典家书，十年前曾经畅销香港，全新增订本增加了八万多字，是纪念傅雷、朱梅馥夫妇在“文革”期间“愤然弃世”四十周年的有历史意义的新书。做父母或者老师读该书都会深受感动、都会受益无穷。

《傅雷家书》最了不起的是，他从最根本最本质的方面去教育儿子，即培养儿子高尚的情操，正直的人格，宽大的胸襟。他培养儿子爱自己的民族，爱中华文化，爱亲人，品格要高尚，做人要真诚。他的名言是：“做人第一，其次才是做艺术家，再其次才是做音乐家，最后才是做钢琴家。”做父母或者老师读该书都会深受感动、都会受益无穷。

傅雷不但有高尚的尊严和人格，而且对中国文化和西方文化都钻研精深，互为打通，他的艺术品位和艺术鉴赏力也是极少人能及得上的。

董桥：“一部《傅雷家书》早已经成了一幢经典伦理的故居，多少人络绎瞻念，翕然仰止。这时候，故居里幽幽的琴声忽远忽近，似梦似幻：故居外人人屏息期待，期待家书里的傅聪怀着苍苍心香走出来！”

金庸："傅雷先生的家书，是一位中国君子教他的孩子如何做一个真正的中国君子。读了之后，虽自惭不能做到，却心向往之。'文化大革命'不能容纳中国的君子，逼得他自杀！"

萧芳芳："这大半辈子能挺过来，全靠傅伯伯的《傅雷家书》。迷路了，看几段，又找着了方向。消沉了，念几篇，又抓回了意志。干累了，翻几页，又笑着重上征途！"

陶杰："新版的《傅雷家书》是文化中国的一位博雅父亲对儿子的教诲和清谈，文心精腻，气度恢宏，善诱间洋溢见识，严求中包蕴仁爱，是儒家精神的现代典范。"

辑印在这本集子里的，不是普通的家书。傅雷在给傅聪的信里这样说："长篇累牍的给你写信，不是空唠叨，不是莫名其妙的 gossip，而是有好几种作用的。第一，我的确把你当作一个讨论艺术，讨论音乐的对手；第二，极想激出你一些青年人的感想，让我做父亲的得些新鲜养料，同时也可以间接传布给别的青年；第三，借通信训练你的——不但是文笔，而尤其是你的思想；第四，我想时时刻刻，

天津社科 2008 版

随处给你做个警钟，做面‘忠实的镜子’，不论在做人方面，在生活细节方面，在艺术修养方面，在演奏姿态方面。”贯穿全部家书的情意，是要儿子知道国家的荣辱，艺术的尊严，能够用严肃的态度对待一切，做一个“德艺俱备、人格卓越的艺术家”。

译林 2016 版

傅雷夫妇逝世50周年纪念版，傅敏先生最新编定，收入傅聪回信，“世界最美的书”获奖者朱赢椿担纲设计。

今年是傅雷夫妇逝世50周年，为表纪念，傅敏先生亲自编定了这个新版《傅雷家书》。

与旧版《傅雷家书》不同，新版的遴选更侧重“人伦日用”，突出傅雷“真诚待人，认真做事”的做人准则，少了文化艺术的长篇论述，多了日常生活的短小故事。时间涵盖1954年至1966年，以傅聪的留学打拼经历、情感婚姻之路为经纬度，以亲切风格展现傅家父子间在求学、处世、音乐、文学等方面的交流。

新版加入了傅聪回信三十余封，傅雷父子终得在书中团聚。相比旧版，这是一部更加完整、亲切、丰富的《傅雷家书》。

书中的傅聪回信、傅家照片和英法文家书中文版等均为译林专有版权，这些珍贵资料保证了译林版《傅雷家书》的权威性和不可替代。

50 周年纪念版《傅雷家书》以傅雷长子傅聪的留学打拼经历、情感婚姻之路为主线，精心选编傅雷夫妇与傅聪及弥拉的往来家信，内容偏重“人伦日用”，突出傅雷“真诚待人，认真做事”的“做人”准则，少了文化艺术的长篇论述，多了日常生活的短小故事。这份两代人双向交流的文字实录，严肃不失亲切，深刻不离日常，以小见大，乐在其中。它不仅反映了亲子交流的重要，也利于青年学子在阅读中理解父辈、增进沟通。

《傅雷家书》中珍贵照片、楼适夷初版代序、傅聪家信及英法文信为独家版权，2017 年不随傅雷著作权进入公版，其他任何家书选本不能收录。

赏析

上列《傅雷家书》内容提要文案 4 种，记叙角度、修辞手法、价值诉求各有侧重。对《傅雷家书》这种经典常销图书来说，多版本并存、多版次迭代属常态，当将它们合列并置到一起后，其态度之别、取舍之别尤为明显，图书编辑可从其异同处学习揣测，借鉴参考。

现身说法，亲切温暖。三联书店 1990 版《傅雷家书》，文案首句（辑印在这本集子里的，不是普通的家书）除将“不普通”判断率先强调外，其余部分皆为引用——直接摘引傅雷原信内容——这种引证，约等于作者现身解说，将“不普通”的判断逐一坐实：傅雷有关“家书四大功用”（讨论艺术 / 激发感想 / 训练思维 / 自省自立）的精确归纳，也是编者想告知读者的要点——这种原有接受者（傅聪）与成书接受者（读者）的暗移，借力巧妙，让读者感受一种与作者交流聊天的亲切感……上列天津社科 2008 版内容提要文案选用的也是相同思路。

借力打力，拓展外延。三联书店版《傅雷家书》问世 16 年后，香港三联书店版出版，比较上列 4 版文案，这版文案字数增加，近 700 字的文案用全面评价的方法向读者介绍《傅雷家书》的价值要点——其评价分主客体两部分：主体评价即编者评价，关键词有“当代”“经典”“家书”“弃世”“家教”“做人”等，这些关键词的适用半径已远远超越“一个艺术家父亲写给艺术家儿子”狭义家书语境，而它也是《傅雷家书》出版的价值所在：启迪代际对话，倡导哺育、反哺，分享家教案例；而其客体评价则来自各位名人的推荐评语：董桥的“苍苍心香说”，金庸的“中国君子说”，萧芳芳的“危难支撑说”，陶杰的“儒家精神说”，高屋建瓴，情真意切，为该书的独特与经典拓展出宽广的意义空间。其启示是，借力打力是对文本内涵的深度挖掘，没有这个“深度”，“广度”常常隐匿不彰。

因时而作，顺时而动。香港三联书店版出版10年后，译林2016版《傅雷家书》出版。这版家书内容提要以“介绍编纂思路”为要点——时在《傅雷家书》出版35周年、傅雷夫妇逝世50周年之际，以“《傅雷家书》出版小史”为记叙视角，恰切别致，尤其方便新读者对这部当代家书经典出版脉络的简要把握，这种文案编纂视角的选用不适用于所有书,但对这版《傅雷家书》而言却非常契合，也是特别版本专属“特别思路”。

比对上列4则内容提要文案，还可发现，对经典畅销出版物而言，永无终极文案，所谓制胜绝招、一剑封喉之类的写作秘籍也是无稽之谈，文本至上，顺时而变是重点。

原文

学术底色，凸显功底

《恶之花》内容提要 集合文案

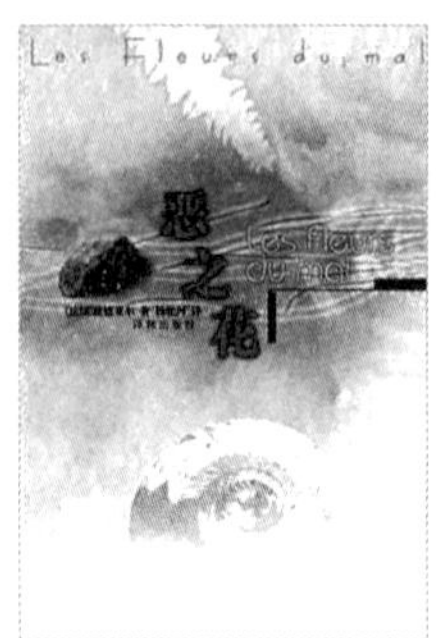

译林 2003 版

法国伟大诗人波德莱尔的《恶之花》是一部表现西方精神病态和社会病态的诗歌艺术作品。然而病态未必不是一种美。波德莱尔的天才，恰恰表现在他能在恶的世界中发现美，也能在美的体验中感受到恶的存在，并通过诗歌化腐朽为神奇。因此，从某种意义上说，《恶之花》是"恶"的艺术，而不是恶的颂歌。

《恶之花》公开发表之初，作者被指控"亵渎宗教""伤风败俗"，被判罚款；后来该诗集又成了文坛争论不休的话题；如今，人们对它却好评如潮，在世界文学史上的地位不断攀升，不仅被编进文学教科书，而且还被纷纷列入大学必修课程。同一个人，同一部诗，其命运何以有天壤之别？——波德莱尔和他的《恶之花》的历史命运就是社会病态的表现，因为社会本身就是一朵“恶之花”。

一个“伟大的传统业已消失，新的传统尚未形成”的过渡时期里开放出来的一丛奇异的花，同时具有浪漫主义、象征主义和现实主义的成分。

上海译文 2009 版

《恶之花》中的诗不是按照写作年代先后来排列，而是根据内容和主题分属六个诗组，各有标题：《忧郁和理想》、《巴黎风貌》、《酒》、《恶之花》、《反抗》和《死亡》，其中《忧郁和理想》分量最重。六个部分的排列顺序，实际上画出了忧郁和理想冲突交战的轨迹。

书中还收录一八六八年第三版《恶之花》中增补的诗篇以及残诗集、风流集、题词集、诙谐集等。

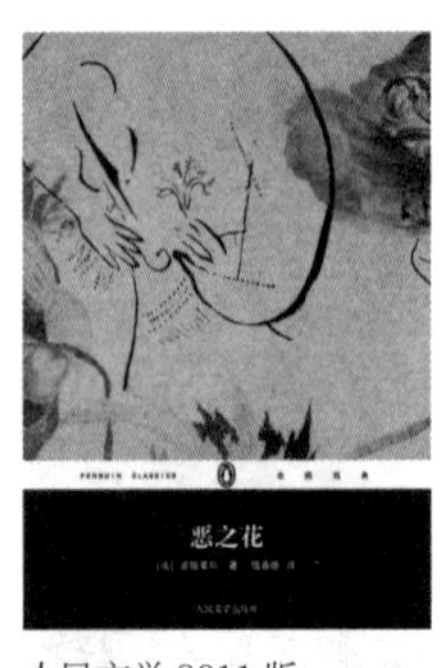
人民文学 2011 版

全书分为“忧郁与理想”、“巴黎风光”、“酒”、“恶之花”、“叛逆”、“死亡”和“增补诗”七部分。在诗人的笔下，巴黎风光阴暗而神秘，吸引他目光的是被社会抛弃的穷人、盲人、妓女，甚至不堪入目的横陈街头的女尸。时间、美、死亡、偶然、羞耻、愤怒、仇恨……都被拟人化。诗人破除了千百年来的善恶观，以独特的视角观察恶，认为恶既有邪恶的一面，又散发着一种特殊的美。

赏析

上列《恶之花》内容提要文案 3 种，均出自名社。比对 3 版内容提要，除文案视角之差，更多不同是文案字里行间隐含的各不相同的学术依据。比照作家海明威有关写作的“冰山原则”，读者在文案中看到的不过是 1/8 冰山，有些文案里，或有 7/8 的知识储备、学术功底藏匿于冰山巍峨浮移的壮观之下。

译林 2003 版内容提要文案的“7/8”是文学社会学。研究作家、作品，不能不考察作家所处时代——这一切入角度即在文学社会学范畴内。按照学者袁志英的观点（《文学评论》杂志 1986/5，PP.135—141），“文学社会学”是考察文学和社会之间关系的一门学问，它运用社会学的理论、观点和方法研究文学作品的社会起源、社会功能以及文学创作与社会生活的互动关系，其研究目标不以美学价值为标尺，而以决定文学事实的社会现象为标尺，借以更好地理解作家和作品……参照这一理论，编写文案时，对文学社会学交叉融合的研究视角有所了解，内容提要的编写便容易找到新奇视角，让匍匐在“复述”状态的文本提升到较高级状态。

上海译文 2009 版的“7/8”是文学流派学。文学流派研究是文学史研究分支之一，它通过对文学流派形成、发展、融汇的梳理、分析和讨论，为文本分析提供历史、文学、文献、文化等不同角度的参照，借以帮助读者理解不同文学流派审美的独特价值。［王齐洲等，《武汉大学学报（人文科学版）》，2004（2），PP.138—140］上海译文 2009 版内容提要文案首段即以浪漫主义、象征主义、现实主义等概念入手，不仅为读者提供了别致的解读角度，还顺手科普有关文学流派 ABC，帮助读者初识流派大概。

人民文学 2011 版的“7/8”是归纳逻辑学。归纳逻辑研究从丰富的生活经验出发，以一系列经验判断、知识储备为依据，探究万事万物所遵循的共同规律，……以此揣度人民文学 2011 版《恶之花》文案，可发现案中穷人、盲人、妓女、女尸的角色标签以及时间、美、死亡、偶然、羞耻、愤怒、仇恨等主题标签，均为文案编写者综合分析、归纳后的提萃，是概括，也是总结，这种要言不烦的“归纳逻辑”最能帮助读者厘清纷乱，直抵文本核心。

文案之别在于观念

《红楼梦》内容提要 集合文案

原文

人民文学 1957 版

本书是一部具有高度思想性和高度艺术性的伟大作品，从本书反映的思想倾向来看，作者具有初步的民主主义思想，他对现实社会包括宫廷及官场的黑暗，封建贵族阶级及其家庭的腐朽，封建的科举制度、婚姻制度、奴婢制度、等级制度，以及与此相适应的社会统治思想即孔孟之道和程朱理学、社会道德观念等等，都进行了深刻的批判并且提出了朦胧的带有初步民主主义性质的理想和主张。这些理想和主张正是当时正在滋长的资本主义经济萌芽因素的曲折反映。

Penguin Classics1981 版

"*The Story of the Stone* (c. 1760) ", also known by the title of "*The Dream of the Red Chamber*", is the great novel of manners in Chinese literature. Divided into five volumes, of which "*The Warning Voice*" is the third, it charts the glory and decline of the illustrious Jia family (a story which closely accords with the fortunes of the author's own family) . The two main characters, Bao-yu and Dai-yu, are set against a rich tapestry of humour, realistic detail and delicate poetry, which accurately reflects the ritualized hurly-burly of Chinese family life. But over and above the novel hangs the constant reminder that there is another plane of existence — a theme which affirms the Buddhist belief in a supernatural scheme of things.

（译文：Penguin Classics 1981 版：《石头记（公元1760 年）》，又名《红楼梦》，是中国文学史上一部伟大的小说。小说共分为五卷，其中第三卷《异兆悲音》描绘了名声显赫的贾家之兴衰（其故事也映射了作者自己的家族）。书中的两个主角，贾宝玉和林黛玉被作者精妙的笔触、真实的细节和巧妙的幽默刻画得淋漓尽致，生动地再现了当时喧嚣而又烦琐的中国家庭生活。比其更深一层的是作者在书中不断提到有另一个地方的存在——超自然事物中的佛教信仰。——黄佐思译）

《红楼梦》是一部百科全书式的长篇小说。以宝黛爱情悲剧为主线，以四大家族的荣辱兴衰为背景，描绘出 18 世纪中国封建社会的方方面面，以及封建专制下新兴资本主义民主思想的萌动。结构宏大、情节委婉、细节精致，人物形象栩栩如生，声口毕现，堪称中国古代小说中的经典。

人民文学 2008 修订第三版

由红楼梦研究所校注、人民文学出版社出版的《红楼梦》以庚辰（1760）本《脂砚斋重评石头记》为底本，以甲戌（1754）本、己卯（1759）本、蒙古王府本、戚蓼生序本、舒元炜序本、郑振铎藏本、红楼梦稿本、列宁格勒藏本（俄藏本）、程甲本、程乙本等众多版本为参校本，是一个博采众长、非常适合大众阅读的本子；同时，对底本的重要修改，皆出校记，读者可因以了解《红楼梦》的不同版本状况。

红学所的校注本已印行二十五年，其间 1994 年曾做过一次修订，又十几年过去，2008年推出修订第三版，体现了新的校注成果和科研成果。

关于《红楼梦》的作者，原本就有多种说法及推想，“前八十回曹雪芹著、后四十回高鹗续”的说法只是其中之一，这次修订中校注者改为“前八十回曹雪芹著；后四十回无名氏续，程伟元、高鹗整理”，应当是一种更科学的表述，体现了校注者对这一问题的新的认识。

现在这个修订后的《红楼梦》更加完善。

外文社 2001 版

This celebrated Chinese classic novel is a masterpiece of realism written in the middle of the 18th century. Taking as its background the decline of several related big families and drawing much from his own experiences, the author Can Xueqin (? –c.1763) focused on the tragic love between Jia Baoyou and Lin Daiyu and,in the meantime, provided a panorama of the lives of people of various levels in the degenerating empire. But he left the work unfinished (or the last 40 chapters were lost). Gao

E (c.1738–c.1815) completed the work some years later in much of Gao's spirit and also put in his own evelations, which aroused protracted controversy throughout the centuries. Exposing social evils, the book cries out its denunciation against the feudal system. All techniques of literal merit developed in previous periods were incorporated into the great work with much originality. It stands out in world literature, ranking with *Hamlet* and *War and Peace*.

（译文：这部著名的中文小说是中国 18 世纪中叶现实主义文学中的一部杰作。小说作者曹雪芹（？—公元 1763）以自身经历为蓝本，描述了几个名望家族的兴衰。他集中描写了贾宝玉和林黛玉之间悲情的爱情故事，同时展现了帝国陨落期间各个阶层的众生百态。但他并未完成全部作品（另一种说法为小说的后 40 章遗失）。高鹗（公元 1738—1815）在几年后按照曹写作的精神和风格完成了剩下的 40 章，同时也加入了一些自己对于《红楼梦》的见解——几个世纪来，他的续写在中国引发了不断的讨论和争议。该作品揭露并控诉了当时中国封建制度的黑暗。高鹗所著的章节汲取了之前章节优美的文学性，同时又饱含他自己的原创。这部作品在世界文学中也地位突出，与《哈姆雷特》《战争与和平》比肩。——黄佐思译）

赏析

上列《红楼梦》内容提要文案4种,中英文各2种,视角之别、年代之别、修辞之别外，文案背后的知识准备、兴趣倾向、编撰者对书中人物隐秘的情感偏爱(或厌恶)也不相同……文案最能显现编写者个人素养、情感，只是相对隐蔽——图书文案这种职务文本鲜有立档、存档、备查成例，但个人素养、情感这些细枝末节其实也是文案差异的影响因素……一种比较隐蔽的因素。

细究上列4则《红楼梦》内容提要文案，对我们的启发是，文案之别常在观念之别：

人民文学1957版文案成文于特殊年代，文案首句虽给出了高度思想性、高度艺术性的定义，可成案主体内容却毫无隐讳地偏重于“高度思想性”,“高度艺术性”几无论及——这种以社会属性碾压文学属性、美学属性的文案态度，带有鲜明时代胎记。

Penguin Classics1981版文案着重强调《红楼梦》对18世纪中国社会图景、文化生活礼仪、传统文化细节的形象描摹,这一维度隐含了文案编写者对《红楼梦》“文化小说”价值的高度认同，相比“高度思想性”那种维度偏向而言，“文化小说”的概括虽失之笼统，可它的确号准了《红楼梦》主脉。

人民文学2008修订第三版文案分段第二段以学术态度为底色、以大众阅读趣味为诉求的态度一举多得：它将版本甄别、作者猜想、署名推敲等后台信息挪移至前台，推导出“现在这个修订后的《红楼梦》更加完善”的结论——就算王婆卖瓜，这自夸也是令人信服。

外文社2001版文案视角高迈，文案以“现实主义的杰作”定义《红楼梦》，辅以“全景”“帝国”等延展，强调曹雪芹文学视野的宽广，文化蕴藉的深厚。此外，该案还特别强调《红楼梦》的世界视角——这一强调是本案中最重要的提示，有了它，不仅《红楼梦》世界名著的属性有了注脚，还顺便帮助读者从文化生态的角度理解文学全球化——相比于井底之蛙狭隘民粹文学观，本案的文学视野既宽且广。

观念之于文案的重要怎样评估都不为过，不过，观念有无勉强不得。

文案之别在于素养

《月亮与六便士》内容提要　集合文案

原文

志文 1995 版

毛姆是当代英国著名的小说家，长篇名作《人性枷锁》《剃刀边缘》《月亮与六便士》等皆由本社先后刊行。他的短篇小说也多脍炙人口，迄今拥有无数的毛姆迷。

《月亮与六便士》写一个原来在证券交易所工作的经纪人，放弃稳定的职业、美满的家庭，走上坎坷的艺术征程。评家认为主人公糅合了高更的形影和灵魂，但是通过毛姆的生花妙笔，却传达一个人追求理想的动人历程。全书剖析内心世界和人性的葛藤，在在显示出毛姆大师的手笔，一本小说能够传世，乃是其来有自，绝无侥幸。

《月亮与六便士》成书于一九一九年，是毛姆最有影响的代表作之一。小说用第一人称叙述了整个故事，情节取材于法国后印象派画家高更的生平。“月亮”是远大理想的象征，而“六便士”则是蝇头小利的象征。一个人是抬头望月，志存高远，还是低头看地，追逐小利，这是两种截然不同的人生观。作者通过天才艺术家与他力图逃离的现实之间的冲突，演绎了小说深刻的主题。

人民文学 2016 版

“满地都是六便士，他却抬头看见了月亮。”

银行家查尔斯，人到中年，事业有成，为了追求内心隐秘的绘画梦想，突然抛妻别子，弃家出走。他深知：人的每一种身份都是一种自我绑架，唯有失去是通向自由之途。

浙江文艺 2017 版

在异国他乡，他贫病交加，对梦想却愈发坚定执着。他说：我必须画画，就像溺水的人必须挣扎。

在经历种种离奇遭遇后，他来到南太平洋的一座孤岛，同当地一位姑娘结婚生子，成功创作出一系列惊世杰作。就在此时，他被绝症和双目失明击倒，临死之前，他做出了让所有人震惊的决定……

人世漫长得转瞬即逝，有人见尘埃，有人见星辰。查尔斯就是那个终其一生在追逐星辰的人。

赏析

上列《月亮与六便士》内容提要文案 3 种，3 种文案基本都采取故事简述 + 寓意提示格式——它本就是虚构作品内容提要文案常见套路……3 种文案的差异在于对文本寓意的理解各不相同。

志文 1995 版寓意提示是“追求理想”，这个 4 字提示简明扼要。这种点到为止的寓意提示，让虚构文本诉诸形象取譬、以故事暗示意义的多义多解属性得以保护；相比而言，人民文学 2016 版则显直白，文案直陈“月亮”“六便士”寓意，直陈的好处是直接对接诸如“远方之诗”与“当下苟且”的选择冲突，不过，耳提面命也排除了“月亮”“六便士”寓意的丰富性；相比而言，浙江文艺 2017 版的寓意提示比较聪明，它以“星辰”与“尘埃”换喻“月亮”与“六便士”，尊重文本寓意弹性……不同读者心里的“星辰”或“尘埃”各取所“需”，各赋其“意”。

可见虚构文本尤其是文学文本的复述并非易事，它对撰写者的文学素养有所要求。素养这种东西好比相片底版，底版漫漶模糊，成片的效果自然大打折扣。

文案之别在于时间

《百年孤独》内容提要 集合文案

原文

上海译文 1989 版

《百年孤独》内容复杂，人物众多，情节离奇，手法新颖。马尔克斯在书中融汇了南美洲特有的五彩缤纷的文化。他通过描写小镇马孔多的产生、兴盛到衰落、消亡，表现了拉丁美洲令人惊异的疯狂历史。小说以“汇集了不可思议的奇迹和最纯粹的现实生活”荣获 1982 年诺贝尔文学奖。

本书作者获一九八二年诺贝尔文学奖。本书被国外评论界称为“继《唐吉诃德》之后最伟大的西班牙语作品”，是“本世纪下半叶给人印象最深的一部小说”。

本书通过布恩蒂亚一家七代人在小镇马孔多创建、

发展和毁灭过程中的遭遇，反映了拉丁美洲近百年的兴衰。书中人物逼真，场景缤纷，加之写作手法新颖，把不可思议的奇迹和最纯粹的现实生活熔于一炉，造成奇妙的艺术境界，极其引人入胜。

译者是老翻译家。译文忠实，优美，富于情味。

中国文联 1994 版

《百年孤独》是魔幻现实主义文学的代表作，描写了布恩迪亚家族七代人的传奇故事，以及加勒比海沿岸小镇马孔多的百年兴衰，反映了拉丁美洲一个世纪以来风云变幻的历史。作品融入神话传说、民间故事、宗教典故等神秘因素，巧妙地糅合了现实与虚幻，展现出一个瑰丽的想象世界，成为 20 世纪最重要的经典文学巨著之一。1982 年加西亚·马尔克斯获得诺贝尔文学奖，奠定世界级文学大师的地位，很大程度上乃是凭借《百年孤独》的巨大影响。

南海 2011 版

赏析

上列《百年孤独》文案3种，3案年代跨度大，其中上海译文1989版与南海2011版相距22年，这跨度本身旁证出一部文学作品历久弥新的文学魅力，伴随时间更迭、版本更新、语境更换，文案的修订在所难免……所谓修订，至少可有理解升级、阐释升级两项——上列3版文案，让我们看清文案写作业务实操的常态:伴随时间更迭、观念改变，内容提要中的阐释、感受随之而变。

上海译文1989版文案诉求的落点是“诺奖”——在当时语境中，以文学爱好者为目标诉求效果好，“命中”率高。在其时单向传播信息环境中，“诺奖”二字极有号召力。这版文案对原著文本价值、文学价值的分析简略粗糙，除基础概念式简介外，空缺甚多；中国文联1994版，内容提要文案丰富许多，不仅有了文本细节的介绍，还给出“西班牙语文学双璧之一”“本世纪下半叶给人印象最深”等赞语，这版文案开始推介故事内容和文本品质，相比上海译文1989版，文案精密度改观;及至南海2011版文案,开始重点介绍《百年孤独》的文学风格——逐一介绍原著神话传说、民间故事、宗教典故等不同维度养料源泉外，还给出“20

世纪最重要的经典文学巨著之一”“世界级文学大师”等赞誉，对文本的概括大致完备。

文学赏鉴、赏析的理解之变与时间密切相关，距离过近，视角过窄，文案撰写难免受限一时一隅，文案成品较难精准确切；随着传播的、阅读的迭代升级和研究的进阶进步，出版者对文本的认知也会不断提升——时间是文案的朋友，也是文案的审校者，核红者。

文案之别在于态度

《简·爱》内容提要 集合文案

原文

外文 2009 版

“难道就因为我一贫如洗、默默无闻、长相平常、个子瘦小，就没有灵魂和心肠了？你不是想错了吗？——我的心灵跟你一样丰富，我的心胸跟你一样充实！要是上帝赐予我一点姿色和充足的财富，我会使你很难离开我，就像现在我很难离开你一样，我不是根据习俗，常规，甚至也不是血肉之躯同你说话，而是我的灵魂同你的灵魂在对话，就仿佛我们两人穿过坟墓，站在上帝脚下，彼此平等——本来就如此？”

故事女主角简·爱是个孤女，从小被寄养在舅妈家，饱受欺凌，后来被送进了罗伍德慈善学校，经历了种种折磨，但她靠着坚强的意志完成了学业，成为一名优秀的家庭教师，受聘于荆原庄，并与男主人相恋，勇敢地追求自己的幸福……

远流 2004 版

《简·爱》，这一部十九世纪英国文学名著，至今仍像黑天鹅绒上的一颗美钻，在二十一世纪恋人们必读的爱情经典里光熠生辉。夏洛蒂·博朗特早慧忧悒的抒情风格，及像谜雾烟云般地早逝等，与这本小说附凿纠葛的阅读情境，如古堡内的甬道，一扇一扇门藏着压抑含蓄，叫人喘不过气来，等着读者一一揭露的是关于爱情的反复执念与热切思辨…… 这是一本让人荡气回肠，值得一读再读的爱情经典……

《简·爱》是 19 世纪英国现实主义文学作家夏洛蒂·勃朗特的成名作及代表作。小说真实地再现了小人物简·爱三十年的坎坷遭遇和勇敢追求，细腻地叙述了女主人公艰难的生存状态和复杂的心理活动，反对对人性的压抑和摧残，赞扬了妇

上海三联 2014 版

女独立自主、自尊自强的精神，是一部现实主义的作品。作品还充分表现了作者的主观理想，抒发了个人热烈的感情，在情节的构建、人物的刻画、心理的揭示和景物的描绘方面，都有着极为丰富的想象力。

赏析

上列《简·爱》内容提要文案 3 种，风格差异显著。外文 2009 版侧重介绍小说《简·爱》中彰显的女性独立宣示；远流 2004 版侧重评述《简·爱》的文学特色和风格；上海三联 2014 版侧重阐述《简·爱》的当下价值和意义，这些差异化表述本身是在表达文案编写者的文学态度，也是在展现文案编写者的叙事技巧——叙事技巧虽不过遣词造句雕虫小技，可它也在体现编写者的文学修养和经验。

外文 2009 版文案直接引述小说里那段著名对白——简·爱以灵魂平等为主旨的那段著名对话，即或是今天看，依旧高冷自信，正是这种人格气质上的孤傲高冷，让简·爱成为世界文学人物长廊里独特女性形象——它已成为作家夏洛蒂·勃朗特小说作品丰赡意蕴的一个大众化标签：自尊、自立、自爱……文案对这段著名对白的引用精准而恰切。

远流2004版文案的切口是有关《简·爱》的文学评论。不过，其中所引并非教材、论文类的评论，而是针对一般读者通俗化、大众化文学评论，诸如“十九世纪英国文学名著”“二十一世纪恋人们必读的爱情经典”之类的归纳简单、通俗，其中尤以“文学名著”“爱情经典”之类的标签最套路，最简洁，编辑用文案勾画出一个半径很大的读者群：“恋人”，大家都是啊；“爱情”，人人渴望啊……这种以文学诉求包裹商业传播诉求的文案法则至今已成套路。

上海三联2014版文案将小说社会现实意义作为文案核心，内容提要着重强调小说文本的现实折射，叙事老到，择词简朴，如果说远流版文案遣词造句契合了文学青年的想象的话，那么上海三联版文案更贴近于普通读者……这一差异显现出文案编写者对文本读者的预设，3版文案比较，上海三联版文案编者期许的读者群最大。

从上列比对分析可见，文案背后的专业态度虽不直接显现，但编者的态度或素养自会洇渗到文案的字里行间，同时漫溢的，还有编者的商业期待、读者预设——一种综合的职业态度。

不说什么跟说什么一样重要

《呐喊》内容提要 集合文案

原文

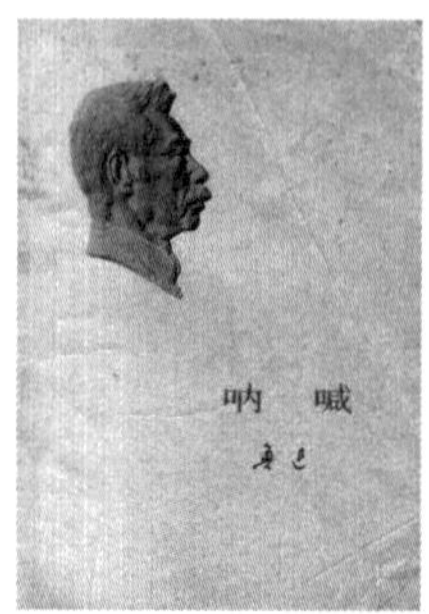

人民文学 1973 版

《呐喊》收录作者 1918 年至 1922 年所作小说十四篇。1923 年 8 月由北京新潮社出版，原收十五篇，列为该社《文艺丛书》之一。1924 年 5 月第三次印刷时起，改由北京北新书局出版，列为作者所编的《乌合丛书》之一。1930 年 1 月第十三次印刷时，由作者抽去其中的《不周山》一篇（后改名为《补天》，收入《故事新编》）。作者生前共印行二十二版次。

《呐喊》作品写作于我国新旧文学交替的时期，它们以深广的历史内容和高超的文学技巧相结合，成为中国现代文学的第一座高峰。鲁迅曾说：这些作品的出现，“显示了‘文学革命’的实绩”，又因其“表现的深切和格式的特别”，“激动了青年读者的心”。作品有于揭示生活的本质意义，取材灵活，表现形式灵活多样。

人民文学 2003 版

鲁迅小说的艺术特点首先在于真实。鲁迅主张文学创作用“白描”手法，“如实描写”，“有真意，去粉饰，少做作，勿卖弄”。作品中展现的生活场景、水乡风情、民俗风貌、城镇景致、人物的言行姿态，就像生活本身那样真实、自然，犹如身临其境。

鲁迅是中国文化革命的主将，他不但是伟大的文学家，而且是伟大的思想家和伟大的革命家。鲁迅的骨头是最硬的，他没有丝毫的奴颜和媚骨，这是殖民地和半殖民地人民最可宝贵的性格。鲁迅是在文化战线上，代表全民族的大多数，向着敌人冲锋陷阵的最正确、最勇敢、最坚决、

陕西师大 2009 版

最忠诚、最热忱的空前的民族英雄。鲁迅的方向，就是中华新文化的方向。

赏析

上列《呐喊》内容提要文案 3 种，两种出自人民文学出版社（1973 版、2003 版），一种出自陕西师大出版社（2009 版）。从实务角度看，为名家名作编写内容提要委实不易，给名家短篇名作写文案，更是繁难，它要求编写者要小窥一“斑”，要略知全“豹”，应对这种复杂细致的编写挑战，编写者须调动自己多种储备——人生阅历的储备，文学素养的储备，阅读经验的储备……这些储备来自平素积累，临时抱佛脚难于奏效。

3 版文案中，人民文学 1973 版文案是特殊年代一个特殊版，其复杂境况难与外人道，一言难尽。有趣的是，细究这版文案，可发现其时代胎记竟以“空白”呈现：该编写者避开故事复述、作者评价、作品评价等内容提要的常见格式，巧妙将《呐喊》的“版本沿革”作为文案主体，如此避绕实在聪明。在某些复杂暧昧语境里，选择不说什么跟选择说什么一样重要。

及至人民文学 2003 版《呐喊》，话语环境、信息环境已大为改观，比照30年前1973版文案，这版文案皮相改变较大，但内在气质跟1973版文案依旧貌离神合——二者不仅文本气质接近，还有着DNA层级的相似：1973版文案以版本沿革为叙事主体，背后贮有文案编写者的文化态度、出版理念，2003版文案虽选择短评式的话术，但却巧妙过滤掉时论，仅选鲁迅语录为引语辅助叙述，这一文案策略的选用，撇清有关鲁迅评价的恁多喧嚣浮论，让这则百余字的评介从趋时虚饰的话语泡沫中脱身逸出，清爽诚恳。

相比而言，陕西师大2009版《呐喊》文案中规中矩，略显刻板，这一刻板老套安全且普适——它利用所引文本的传播度、知晓度，让读者在挑书选书时，自动获取，一眼识别，并经由文学家、思想家、革命家这一标签化定义，再度强化对《呐喊》的标签化的印象。

上述分析均带有追认属性，亦不乏过度解读之处，不过，强调文案编写者的文化态度，是这番追认、讨论的用意，比如“不说什么”，最需文案编写者留心——以经验推论，很多时候，我们编写文案时想得比较多的是“说点什么”而非“不说什么”。

煞尾

东一榔头，西一棒子

（3分钟总结本书要点）

· 好文案就像编写者的名片：清晰比花哨重要。

· 开编新文案前，先把自己撰写的上篇文案翻出来看看——它是你新文案的对手，输赢未知。

· 文案里不该有“二三线城市”——把它换成有餐饮集团也有苍蝇馆子、有仿古一条街也有菊儿胡同的那座小镇才对……无细节无文案。

· 世上没有伟大的文案——文案是正文的婢女，哪有伟大的婢女？

· 文案首句不抓人，读者哪有耐心读完你后面的200个字？更糟的是，你的书白编了。

· 文案像那个漆黑漆黑的黑夜——枯燥，屈辱，煎熬……头发写白了也未必看得见曙光。

· 编写文案不是给诺奖候选品写颁奖词，二者唯一相似之处是它们多半以失望收场。

· “水泥地上都是玻璃碴儿”是病句，“混凝土地”才政治正确……吹毛求疵是文案编写者的第一美德。

· 把自己写的文案读很多遍，不是因为自恋，而是因为自律甚而自卑……那种连你自己都打哈欠的文案挥刀自宫吧。

· 除非去写，没人知道文案怎么写。用作家彼得·德·弗里斯的比喻说，文案的秘诀藏在那个保险箱里——连密码一并锁在里面。

· 拖延症是一种被美图秀秀过的懒惰。

· 图书文案是多人合作的职务文本，太把它当回事儿你就傻了，太不把它当回事儿你就渣了。

· 如果不撞见焚书坑儒那类倒霉事儿，文案会载入史册——当然，它只是其中类似桌旗、筷架、杯垫儿之类的小角色，没有它也不是摆不成一桌席。

· “为了把事情做好而把事情做好”……文案编写者应谨记哲学家理查德·桑内特在《匠人》一书中说过的这句话：为了把文案写好而把文案写好。

· 最有可能把文案写砸的不是郭德纲，而是自诩最有资格的责编——他们辜负了资格——一种无从实施罚则的、日常的渎职。

· 编写文案跟撰写情书有点儿像，不同的是，文案要的是三角恋——让作者觉得“你懂我”，让读者觉得“你爱我”，让总编辑觉得：“才中级？委屈你了。”

· 形容词是语言生活的大敌，文案编写也一样……与那些标签化、脸谱化的敌人比，形容词偏偏是个美女，颜值高，善魅惑，易走眼。

· 文案不是短篇小说，连极短篇都不是。文案不是文学，别用作协会员的标准要求自己。

· 图书文案里有文学，可它最多只是味精、葱末或那小半碗鸭架汤，把文案整成诺奖候选作品式的硬菜，方向歪了。

· 别在文案里添加书里没有的东西。不隐瞒，不欺骗，不杜撰……作者比你高明，读者比你聪明。

· 修改文案好比田径比赛——不是跟别人比，是跟自己比。改到第五稿时，你也许会把第二稿甩出两条街，可也许重新回到第一稿。

· 写文案要尽量压低存在感——要努力存在得像不存在——要让书因文案而成炸点，而不是你因文案而成网红。

· 写文案像开车：风景一般般开快点儿，风景大好开慢点儿……慢的办法很多：减细节，速度就快，加细节，速度就慢……艺高人胆大，收尾处玩儿个死飞倒刹，没人管你。

·“安慰太辛苦的人，折磨太安逸的人”……《华盛顿邮报》大厅墙上的这句铭文也是文案编写秘诀：或安慰，或折磨，或先折磨折磨，再安慰安慰。

·给名人名著写文案和给素人新作写文案一样需要句句有出处，字字有来历，否则很容易自己挖坑自己埋……专业是最好的防御。

·好文案是从被毙掉的文案里重新长出来的，不是从你自恋的倒影里飘出来的。

·写文案就是信息整理：该摊的摊开，该收的收紧，该清的清扫，该藏的多几锹土——埋严实了。

·文案不能太有个性，也不能太没个性，理想状态是在朴素的基调上有一点低调的、不扎眼的个性……太平庸了谁要看？

·好文案都不是按写作指南写出来的，可好文案却会被编进写作指南……怎么会这样？

·好文案均非偶然得之，只是其成品看上去云淡风轻而已——早自习时，哪个学霸会说自己彻夜温书？他们只会戏精般佯怨：“这季权游怎么这么多 bug？”

·虽然编写文案不可能获诺奖，可二者的孤独感却一模一样——你的书像你的孩子，别人有别人的孩子。

· 文案编写者是幕后演职员里知名度最低的，畅销书编辑尤其如此——没人记得文案作者是谁，用钱锺书的话说，他们（我们）是“拥挤里的孤寂，热闹里的凄凉”。

· 为了写好那百八十字作者简介，编写者恨不能去作者的出生地溜达溜达……为了原谅他的今生，只好反复打探、触摸他的前世。

· 文案之难正如张爱玲所说：又要做戏，又要做人。

· 好文案是面镜子：有选择、有偏心的一面镜子——只给读者看作者好看的那面……编写者是制“镜”业熟练工，男女不限。

· 为自己最喜欢的书写文案最危险——编写者每时每刻都要在脑残粉、职业粉之间找平衡……大多数编写者会从平衡木上一头栽下，摔得鼻青脸肿。

· 文案应规避争端，尤其是那些争而无果的学术争端——把一棵不会结果的树栽到文案里太过鲁莽。

· 文案编写与成功学、鸡汤学、狗血学无涉……只是偶尔可能会用它们当个噱头——噱头只是噱头，分寸为要。

・文案编写者像副导演，管鸡毛蒜皮，问吃喝拉撒，起得比鸡早，睡得比狗晚，虽然吃的不比猪差，可干的一定比牛多。

・未经修改的文案不能付印——因为苏格拉底说过：未经审视的人生不值得度过。

・文案编写者可以暗恋作者，但仅限于暗恋；文案编写者必须热恋读者——恋得锣鼓喧天。

・作者和作品就像果实，有的壳儿硬，有的壳儿软，文案是编写者在果壳上小心翼翼凿出的裂纹，让它散发清香。

・文案编写的最高境界不是成为专家而是成为杂家，这身份卑微而暧昧，评职称时还用不上……若介意，早改行。

・文案编写必须有极强的功利性，在功利社会里，这是最纯洁的功利。

・好奇心是人生动力的灵魂，制造好奇心是文案的灵魂。

・因为一则文案就失去自信，你的人生会很惨……不就一则文案吗？删了重写就好。

・在文案里可以歌唱作者和作品，却无须因此鄙夷自己——对自己的歌唱在心里哼哼就好，别出声儿。

·文案不高级，不哲学，非要拔高，它也只是形而上里的形而下——实用为要。

·文学当然好，可文案不是文学，非沾文学的光，跟它“隔上几英尺的暮色”（菲茨杰拉德语）吧。

·文案性冷淡也不好，可不能因此就高烧，就狗血。非烧不可，低烧就好……“39℃”可列为文案态度的最高温度值。

·图书文案是“方便面食用方法”的进阶版，不同的是，它是精神食品的食用说明。

·“像国王一样思考，像侍从一样努力”……这句广告文案可借用为图书文案编写者的座右铭。

后记

AFTERWORD

本书写作花了好几年的时间，如今得以出版，最要感谢的，是本书责编张远帆先生。从最初聊起这个题目到完成，他的鼓励和包容，让我不好意思把一再延时的锅甩给各种冠冕堂皇的借口……谢谢他。“没有 ×× 就没有 ××”之类的肉麻套话估计他也懒得听，可我还是愿意很诚恳地说：他为这本小书尽到了一个编辑的职责——尤其是在照顾一位年纪老大不小、惯于自以为是同行作者的虚荣与怯懦方面，他用心良苦。

好多年前，我开始为退休生活做预备，先买了辆千把块钱、时速 20 公里的小电驴，熟练后骑着它去买菜逛书店。高德地图说，三联书店五道口店离我家 3.2 公里，迄今为止，我骑小电驴抵达的最远处，就是它。这件生活琐事让我忽然发现，虽有各种因缘际会、抱定青山、就坡下驴式的人生安排，但大半辈子跟书结缘，却是我的幸运，一切都有点命中注定的意思，可还“注定”得蛮好的。

北京出版圈儿的一部分朋友很早就知道，早十年前，曾以“书记”（图书把口记者简称）聚会为由，有过一个“双鱼会”的聚餐格式。

说是双鱼座聚会，可实际到约的，什么“座”都有。今年 3 月，圈里的好友们说起久违的“双鱼会”，挨个儿人头一数才发现，窝在那个标记为“老友记”的群里的，差不多都是我的责编——要么是报纸杂志上所发豆腐块的责编，要么是出版社里我闲书书稿的责编，认识他们，和他们成为好友，该算是跟书结缘外我的又一幸运。

赶巧，本书是写给图书责任编辑看的，我希望这本小册子能是一份参考资料，能对各位在岗同行的工作有所帮助。此外还有的谨慎奢望是，虽然本书副题叫“图书编辑业务手册”，可其实它也多少适用与文案有关的另外工种，广告啊，公号啊，自媒体啥的，用早年间谢晋电影《最后的贵族》里的一句台词说：世界上的水都是相通的。

文案与职场如影随形，相比而言，编写图书文案的委屈、憋屈堪称第一，它最恰切、最高光的表现，也不过羞涩地躲在文本与作者身后，用低温、低烧、低姿态略说一二，尴尬得紧。好在正如人生也不过一则文案，好也罢，坏也罢，尽力尽心而已。

在本书的扉页上，我用到了美国学者埃里克·霍弗的一段话，他还有一段话，不妨一并分享于此——它或许能将我的那点儿奢望表述得更清晰：“在分类学上，西红柿与龙葵属于同一科，也就是茄科。尽管西红柿营养丰富而龙葵有毒，但它们在形态学、解剖学和生理学上却多有相似之处，以至即使非植物学家也可以感受得到它们像一家人。”

黄集伟

二〇一八年五月十九日

附录

本书引用图书文案索引

第一章 原则

001《感官回忆录》[智利]伊莎贝尔·阿连德著(译林 2007 版)

002《一本没有颜色的黑书》[委内瑞拉]梅米娜·哥登文、露莎娜·法利亚图(接力 2010 版)

003《小顾聊绘画(贰)》顾爷著(中信 2014 版)

004《活着》余华著(南海 1998 版)

005《海贼王》尾田荣一郎著(浙江人美 2007 版)

006《蒙着眼睛的旅行者》朱岳著(北京联合 2016 版)

007《聆听父亲》张大春著(台湾时报 2003 版)

008《姐姐的守护者》[美]朱迪·皮考特著(南海 2008 版)

009《霍比特人》[英]J.R.R. 托尔金著(上海人民 2013 版)

010《过去的痛》[美]梅·萨藤著(广西师大 2016 版)

011《皮囊》蔡崇达著(天津人民 2014 版)

012《冬日笔记》[美]保罗·奥斯特著(人民文学 2016 版)

013《李敖回忆录》李敖著(中国友谊 2004 版)

014《解忧杂货店》[日]东野圭吾著(南海 2014 版)

015《疯癫与文明》[法]米歇尔·福柯著(三联书店 2003 版)

016《失控》[美]凯文·凯利著(新星 2010 版)

017《安持人物琐忆》陈巨来著(上海书画 2011 版)

018《恐惧梦》[日]松泽有纱著(北京联合 2015 版)

019《雪人》[英] 雷蒙·布力格著（明天 2009 版）

020《让我留在你身边》张嘉佳著（湖南人民 2014 版）

021《尼罗河上的惨案》[英] 阿加莎·克里斯蒂著（人民文学 2006 版）

022《群体性孤独》[美] 雪莉·特克尔著（浙江人民 2014 版）

023《专业主义》[日] 大前研一著（中信 2006 版）

024《神经漫游者》[美] 威廉·吉布森著（江苏文艺 2013 版）

025《漫游者寄宿所：黑塞诗选》[德] 赫尔曼·黑塞著（上海人民 2013 版）

026《当我谈跑步时我谈些什么》[日]村上春树著（南海 2009 版）

027《房间》[爱尔兰] 爱玛·多诺霍著（人民文学 2012 版）

028《香水》[德] 帕·聚斯金德著（上海译文 2005 版）

029《史蒂夫·乔布斯传》[美]沃尔特·艾萨克森著（中信 2011 版）

030《凡·高的遗言》[日] 小林英树著（广西师大 2006 版）

031《开到荼蘼》亦舒著（新世界 2007 版）

032《天才的编辑》[美] A. 司各特·伯格著（广西师大 2015 版）

033《别闹了，费曼先生》[美] 费曼著（三联书店 1997 版）

034《你以为你以为的就是你以为的吗？》[英] 朱利安·巴吉尼、杰里米·斯唐鲁姆著（中国人民大学 2012 版）

035《人类的群星闪耀时》[奥地利] 斯蒂芬·茨威格著（三联书店 1996 版）

036《冷浪漫》科学松鼠会编（中国书店 2011 版）

037《窥视厕所》[日]妹尾河童著（三联书店 2011 版）

038《必然》[美] 凯文·凯利著 (电子工业 2016 版)

039《我的脖子令我很不爽》[美] 诺拉·依弗朗著 (万卷 2007 版)

040《失恋 33 天》鲍鲸鲸著 (中信 2010 版)

041《我们夜里在美术馆谈恋爱》文珍著 (中信 2014 版)

第二章 讨论

042《最初的爱情最后的仪式》[英] 伊恩·麦克尤恩著 (南京大学 2010 版)

043《助推》[美] 理查德·H. 泰勒、卡斯·R. 桑斯坦著 (中信 2009 版)

044《肠子》[美] 恰克·帕拉尼克著 (北京联合 2014 版)

045《爱看书的广告》范用著 (三联书店 2004 版)

046《廊桥遗梦》[美] 罗伯特·詹姆斯·沃勒著 (外国文学 1994 版)

047《老人与海》[美] 海明威著 (浙江文艺 2017 版)

048《石语》钱锺书著 (中国社会科学 1996 版)

第三章 体验

单本文案

049《檀香刑》莫言著 (作家 2001 版)

050《剥洋葱》[德] 君特·格拉斯著 (译林 2008 版)

051《神谕之夜》[美]保罗·奥斯特著(译林 2007 版)

052《火星救援》[美]安迪·威尔著(译林 2015 版)

053《在切瑟尔海滩上》[英]伊恩·麦克尤恩著(上海译文 2008 版)

054《迷走·神经》btr 著(新星 2013 版)

055《小顾聊绘画(壹)》顾爷著(中信 2014 版)

056《寻找巴金的黛莉》赵瑜著(人民文学 2009 版)

057《我们不懂电影》毛尖著(海豚 2014 版)

058《先上讣告后上天堂》[美]玛里琳·约翰逊著(新星 2007 版)

059《广阔天地》丁晓禾著(中国青年 2014 版)

060《先锋戏剧档案》孟京辉编(作家 2000 版)

061《重口味心理学》姚尧著(中国友谊 2012 版)

062《硬糖手册》杨昌溢著(中国华侨 2014 版)

063《你以为你以为的就是你以为的吗?》[英]朱利安·巴吉尼、杰里米·斯唐鲁姆著(中国人民大学 2012 版)

064《Wabi-Sabi——给设计者、生活家的日式美学基础》李欧纳·柯仁著(行人文化实验室 2011 版)

065《然而》[法]菲利普·福雷斯特著(上海文艺 2014 版)

066《我如何清空父母的家》[比利时]莉迪亚·弗莱姆著(上海文艺 2014 版)

067《张爱玲传》余斌著(广西师大 2000 版)

068《我相信失败》陈文茜编(时报文化 2015 版)

069《被淹没和被拯救的》[意大利]普里莫·莱维著(上海三联

2013 版）

070《亦摇亦点头》刀尔登著（中国文史 2015 版）

071《毛姆短篇小说精选集》[英] 威廉·萨默塞特·毛姆著（译林 2013 版）

072《此处游泳，既不安全也不舒适》[日] 江国香织著（南海 2016 版）

073《牡蛎男孩忧郁之死》[美] 蒂姆·伯顿著（时代文艺 2011 版）

074《平如美棠——我俩的故事》饶平如著（广西师大 2013 版）

075《史迈利的告别》[英] 约翰·勒卡雷著（上海人民 2016 版）

076《灯塔》[法] 克里斯多夫·夏布特著（北京联合 2016 版）

077《月光落在左手上》余秀华著（广西师大 2015 版）

078《诗 60 首》夏宇著（台湾夏宇 2011 版）

079《让·科克托》[英] 克罗德·阿尔诺著（法国伽里玛 2003 版）

080《致 D——情史》[法] 安德烈·高兹著（南京大学 2010 版）

081《人类简史》[以色列] 尤瓦尔·赫拉利著（中信 2014 版）

082《禅与摩托车维修艺术》[美] 罗伯特·M. 波西格著（重庆 2011 版）

083《天真的人类学家》[英] 奈杰尔·巴利著（上海人民 2003 版）

084《带着鲑鱼去旅行》[意大利] 安伯托·艾柯著（广西师大 2004 版）

085《做饭》汪曾祺著（江苏文艺 2013 版）

086《南希外传》[美] 基蒂·凯利著（世界知识 1991 版）

087《浮生六记》（清）沈复著（人民文学 1999 版）

088《小团圆》张爱玲著（北京十月文艺 2009 版）

集合文案

089《1984》[英] 乔治·奥威尔著（Plume1983 版）
090《1984》[英] 乔治·奥威尔著（北京十月文艺 2010 版）
091《1984》[英] 乔治·奥威尔著（长江文艺 2010 版）
092《1984》[英] 乔治·奥威尔著（中国华侨 2011 版）
093《1984》[英] 乔治·奥威尔著（中国画报 2011 版）
094《1984》[英] 乔治·奥威尔著（江苏文艺 2013 版）
095《引爆点》[美] 马尔科姆·格拉德威尔著（中信 2006 版）
096《引爆点》[美] 马尔科姆·格拉德威尔著（中信 2009 版）
097《引爆点》[美] 马尔科姆·格拉德威尔著（中信 2014 版）
098《围城》钱锺书著（人民文学 1985 版）
099《围城》钱锺书著（天地图书 1997 版）
100《围城》钱锺书著（三联书店 2002 版）
101《围城》钱锺书著（外研社 2003 版）
102《围城》钱锺书著（人民文学 2012 版）
103《围城》钱锺书著（人民文学 2013 版）
104《傅雷家书》傅雷著（三联书店 1990 版）
105《傅雷家书》傅雷著（香港三联书店 2006 版）
106《傅雷家书》傅雷著（天津社科 2008 版）
107《傅雷家书》傅雷著（译林 2016 版）

108《恶之花》[法] 夏尔·皮埃尔·波德莱尔著(译林2003版)

109《恶之花》[法] 夏尔·皮埃尔·波德莱尔著(上海译文2009版)

110《恶之花》[法] 夏尔·皮埃尔·波德莱尔著(人民文学2011版)

111《红楼梦》[清] 曹雪芹著(人民文学1957版)

112《红楼梦》[清] 曹雪芹著(Penguin Classics1981版)

113《红楼梦》[清] 曹雪芹著(人民文学2008修订第三版)

114《红楼梦》[清] 曹雪芹著(外文社2001版)

115《月亮与六便士》[英] 威廉·萨默塞特·毛姆著(志文1995版)

116《月亮与六便士》[英] 威廉·萨默塞特·毛姆著(人民文学2016版)

117《月亮与六便士》[英] 威廉·萨默塞特·毛姆著(浙江文艺2017版)

118《百年孤独》[哥伦比亚] 加夫列尔·加西亚·马尔克斯著(上海译文1989版)

119《百年孤独》[哥伦比亚] 加夫列尔·加西亚·马尔克斯著(中国文联1994版)

120《百年孤独》[哥伦比亚] 加夫列尔·加西亚·马尔克斯著(南海2011版)

121《简·爱》[英] 夏洛蒂·勃朗特著(外文2009版)

122《简·爱》[英] 夏洛蒂·博朗特著(远流2004版)

123《简·爱》[英] 夏洛蒂·勃朗特著(上海三联2014版)

124《呐喊》鲁迅著(人民文学1973版)

125《呐喊》鲁迅著(人民文学2003版)

126《呐喊》鲁迅著(陕西师大2009版)

图书在版编目（CIP）数据

文案三章：图书编辑业务手册 / 黄集伟著. —南京：译林出版社，2020.7

ISBN 978-7-5447-8287-6

I.①文… II.①黄… III.①图书 - 编辑工作 - 手册 IV.①G232.2-62

中国版本图书馆 CIP 数据核字（2020）第 078530 号

文案三章：图书编辑业务手册　黄集伟 / 著

责任编辑　张远帆
装帧设计　朱赢椿
责任校对　蒋　燕　杨杰芳
责任印制　颜　亮

出版发行　译林出版社
地　　址　南京市湖南路 1 号 A 楼
邮　　箱　yilin@yilin.com
网　　址　www.yilin.com
市场热线　025-86633278
排　　版　南京展望文化发展有限公司
印　　刷　恒美印务（广州）有限公司
开　　本　787 毫米 ×1092 毫米　1/32
印　　张　11.875
插　　页　4
版　　次　2020 年 7 月第 1 版　2020 年 7 月第 1 次印刷
书　　号　ISBN 978-7-5447-8287-6
定　　价　58.00 元

图书在版编目（CIP）数据

文案三章：图书编辑业务手册 / 黄集伟著. —南京：译林出版社，2020.7

ISBN 978-7-5447-8287-6

I.①文… II.①黄… III.①图书 - 编辑工作 - 手册 IV.①G232.2-62

中国版本图书馆 CIP 数据核字（2020）第 078530 号

文案三章：图书编辑业务手册　黄集伟 / 著

责任编辑　张远帆
装帧设计　朱赢椿
责任校对　蒋　燕　杨杰芳
责任印制　颜　亮

出版发行　译林出版社
地　　址　南京市湖南路 1 号 A 楼
邮　　箱　yilin@yilin.com
网　　址　www.yilin.com
市场热线　025-86633278
排　　版　南京展望文化发展有限公司
印　　刷　恒美印务（广州）有限公司
开　　本　787 毫米 ×1092 毫米 1/32
印　　张　11.875
插　　页　4
版　　次　2020 年 7 月第 1 版　2020 年 7 月第 1 次印刷
书　　号　ISBN 978-7-5447-8287-6
定　　价　58.00 元